KB071226

누구나 철학자가 되는 밤

인생은 왜 동화처럼 될 수 없을까?
문득 든 기묘하고 우아한 생각들

누구나 철학자가 되는 밤

김한승 글 + 김지현 그림

추수밭

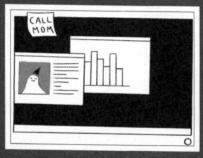

당신은 오늘
몇 시간이나
살아 있었습니까?

**내일을 살아가기 위해
오늘 밤 그 곳에 갑니다!**

3부 | 정글에 찾아온 밤

정글에 두고 온
생각을 떠올리는 밤

이 책을 마음에 품기 시작한 때는 2015년 늦봄 어느 오후라고 기억한다. 그즈음 나와 지현이는 자주 여러 곳을 걸어 다녔다. 개울이 흐르는 산길도 걷고, 마을길도 걸으면서 우리는 평소 생각하던 것을 쉴 새 없이 조잘거렸다. 철학 논문을 생각하다가도 지현이와 수다를 떨다 보면 내 생각은 전혀 다른 곳에 와 있는 느낌이 들었다. 그곳은 개울이 흐르는 산길처럼 제멋대로였다.

그 당시 내 머릿속을 밖에서 들여다보면 그 안의 생각들은 어떤 모습을 하고 있었을까? 내 생각의 전체적 모습을 말한다면 '생각의 지도'라는 표현이 어울리겠다. 철학 강의와 논문 쓰기를 하면서 나는 머릿속 생각의 지도가 어떻게 변하는지를 어렴풋이 느꼈다.

철학 논문을 읽고 쓰는 일은 마치 도시를 건설하는 것과 같다. 한 길이 다른 길과 만나도록 풀을 베고 돌을 골라내는 일이다. 이렇게 길을 내면서 내 생각의 지도는 조금씩 도시화가 이루어졌다. 도시가 좋은 이유 가운데 하나는 조망을 가질 수 있어서다. 그렇게 보자면 생각의 지도에서 가장 큰 성공을 거둔 도시는 두바이처럼 사막 위에 세워진 도시라고 할 수 있겠다. 하지만 내 생각의 지도는 '두바이 풍경'과는 거리가 멀었다. 철학 공부가 내 머릿속에 시가지를 만들었다고 하지만, 도시는 아주 작았고 그 주변에는 도시를 둘러싸는 거대한 정글이 있었다.

정글은 길이 생겨나기 어려운 곳이다. 모든 곳이 정글이라면 지도라는 것은 필요가 없었을 것이다. 생각의 지도 한구석을 시가지로 만들기 위해 나는 정글을 도려내고 길을 내야 했다. 하지만 도려낼수록 정글은 깊어졌고 나는 그 속에 머물길 즐겼다. 생각의 지도에 있는 정글은 철학적 분석으로 세련되게 다듬어지지 못한 채 제멋대로 자란 상상이 뒤엉킨 곳이다. 지현이와 나누는 이야기는 나를 생각의 정글로 데리고 간다. 나는 지현이에게 내 머릿속에서 정글을 이루는 생각을 이야기해줬다. 지현이는 이야기에 살을 붙이기도 하고, 이야기를 그림으로 그리기도 했다. 그럼으로써 내 머릿속 도시와 정글은 서로에게 낯선 장소로 대립하지 않게 되었다.

정글 속에는 큰 길이 없지만 그렇다고 아예 길이 없는 것은 아니다. 정글 속에 난 길은 좁고 길며 어둡다. 중간에 무엇이 튀어나올지도 모르고 바닥에 웅덩이가 있을 수도 있다. 하지만 정글에 있다 보면 뜻밖의 광경을 볼 때가 있다. 막혔던 시야가 갑자기 트이며 무지개를 보기도 하고, 하늘을 올려다보면 달이 휘영청 밝게 떠 있는 것을 보기도 한다. 그리고 정글에 밤이 찾아오면 정글은 아늑하면서 낯선 곳이 된다. 정글에서 하는 철학은 그런 식이다. 누구나 밤이 깊은 정글에 오면 철학자가 된다.

나는 도시에 머물다가 정글로 가기도 하고, 또 정글에 있다가 도시로 돌아오기도 한다. 도시로 돌아온 나는 높은 곳에서 정글을 바라본다. 생각의 정글에서 건져 올린 이야기를 철학적 분석의 대상으로 삼은 적도 있다. 때로는 그런 분석이 훌륭한

철학적 주장의 실마리가 되기도 하지만, 생각의 정글에 있는
이야기 대부분은 그냥 정글에 그대로 두는 것이 나아 보인다.

이 책에서 정리한 글과 그림은 주로 2015년에서 2019년 사이
에 썼고 그렸다. 하지만 '생각의 정글'은 당연히 그전에도 있
었다. 오래전에 철학적 분석의 대상으로 삼았던 이야기 가운
데 몇 개도 고쳐서 여기에 실었는데, 책 뒤에 출처를 밝혀뒀
다. 이 책에 등장하는 모든 이야기에는 덧글이 이야기 끝에 짧
게나마 붙어 있다. 뱀다리가 될 것 같아 망설이면서도 달았던
이유는, 이야기에서 한 걸음 더 나아가 보는 여유를 두고 싶었
기 때문이다. 이야기를 하게 된 먼 이유를 덧글을 통해 짐작해
보는 것도 재미있을 것 같다.

이 책이 나오기까지 응원해 준 모두에게 감사의 말을 전한
다. 특히 지현이의 어머니이자 나의 아내, 그리고 둘째 딸 나
현이는 이야기를 들어주기도 하고 이야기에 살을 붙여주기도
했다. 고맙고 사랑하는 사람들이다.

이제부터 정글에 두고 온 글 같은 그림, 그림 같은 글을 시
작한다.

1부

정글 위 무지개

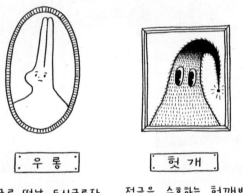

우 롱   헛 개

정글로 떠난 도시근로자   정글을 수호하는 허깨비

요람에서 무덤을
설계합니다

병원 신생아실에 누워 있는 아기들은 딱히 할 일이 없다. 같은 날 태어나 같은 공간에 함께 뉘인 아기들은 곧 사라질 텔레파시 능력을 이용해 막 시작된 자신들의 인생에 대해 이야기하며 무료하게 시간을 보낸다.

아기1: 우리 모두 같은 날 태어나긴 했지만 앞으로 살아갈 삶들은 저마다 다르겠지? 누워 있기도 심심한데 앞으로 살아나갈 삶이 어떤 모습이면 좋을지 말해 볼 친구 있어?

아기2: 여기서 그리는 인생 그래프대로 살아가게 된다는 말을 들은 적이 있어. 그러니까 나한테 그런 인생 그래프를 그려보라는 거지? 여기 들어오면서부터 생각했는데 난 인생의 황금기가 나중에 왔으면 좋겠어. 젊은 시절에는 실패도 겪고 고생도 좀 하면서 인생을 보내는 것이 괜찮을 것 같아. 인생 초기에 운이 좋아서 큰 성공을 거두는 일은 없었으면 해. 그런 인생은 앞으로 내리막밖에 없다는 거잖아.

아기1: 불행한 유년기와 방황하는 청년기를 보내다가 장년기에 점차 성공과 행운을 맛보면서 행복해지길 원한다는 거구나. 그런데 그 오르막 인생이 죽을 때까지 계속되길 바라니? 아니면 장년기에 정점을 찍고 난 다음부터 완만하게 행복이 줄어들길 바라는 거니?

아기2: 행복의 총량이 같다면 난 장년기에 행복의 정점에 오르길 원해. 죽음이 다가오는 노년기에 절정의 행복을 맛보는 것은 좀 그렇지 않아?

아기1: 내가 원하는 인생 그래프는 달라. 난 인생의 초반기를 행복하게 시작했으면 해. 유복한 유년기를 거쳐 청년기에 행복의 절정을 맛보고는 아주 천천히 내리막길을 걸었으면 좋겠어. 인생 초반기에는 경험이 부족할 수밖에 없다 보니 불행한 일이 닥쳤을 때에도 지혜롭게 헤쳐 나가기 힘들잖아. 그러니 인생 초반기의 불행은 가능한 한 피하는 게 좋을 것 같아. 인생 후반기가 되면 살아오면서 쌓인 삶의 지혜로 불행을 헤쳐 나가기가 좀 더 수월하지 않을까. 난 그런 인생 그래프를 원해.

옆에 누워 있던 다른 아기들도 대화에 끼어들었다.

아기3: 난 유복한 유년기에서 시작해서 청년기에 인생 최악의 실패를 경험한 다음 이를 극복하고 성공해 점점 나아지는 삶을 살다가 생을 마감하고 싶어. 좌절과 부활, 이 두 가지를 모두 경험하는 거지. 실패를 딛고 일어서는 삶만큼 다른 사람들에게 감동을 주는 삶이 어디 있겠어.

아기4: 너희 모두 오르막과 내리막을 모두 경험하는 롤러코스터 인생을 원하는구나. 난 롤러코스터가 아니라 전철과 같은 인생 그래프가 좋아. 행복의 총량을 인생 전체에 일정하게 나눠 한결 같은 정도로 살아가는 거야. 별 볼일 없는 삶이라도 내리막을 경험하는 것보다는 낫겠지. 내리막길은 과거의 영광을 돌아보며 더욱더 지금 자신의 모습에 괴로워하게 만들잖아. 그렇다고 오르막길도 나을 것은 없어. 오르막길을 오르게 되면 교만하기 쉽고 과거 자신이 부끄럽게 느껴질 테니까. 오르막과 내리막 없이 일정하게 달려가는 전철 같은 삶이 제일 좋은 것 같아.

이렇게 신생아들이 보험설계사처럼 인생을 설계하고 있을 때 인큐베이터 속에 있는 신생아 한 명으로부터 텔레파시 하나가 날아들었다.

아기5: 이보게, 젊은 친구들. 이곳에 먼저 온 처지로 너희들 이야기를 듣고만 있기가 힘들구나. 너희들은 행복이라는 게 죽을 때까지 다 써야 하는 돈 같은 거라고 생각하지만 그렇지 않단다. 행복을 굳이 돈에 비유하자면, 돈을 쓰는 게 아니라 돈을 버는 것에 가깝다고 할 수 있지. 그렇기 때문에 행복한 사람일수록 자신의 행복을 모두 다 내려놓고 이생을 마감해야 한다는 것을 끔찍하게 여기게 되는 거야. 그리고 인생의 황금기가 인생 후반에 찾아오길 원한다고? 그렇게 오랜 기간을 기다려서 만난 황금기를 두고 바로 죽음을 맞는다는 것은 억울하지 않겠어? 그렇다고 인생 황금기를 초반에 만나는 것도 좋아할 일은 아니지. 황금기를 맛본 사람은 다시 그런 시기가 오기만 기다리면서 살아갈 텐데, 그런 사람이 다시 황금기를 보지 못하고 죽음을 맞이한다는 것은 정말로 괴롭단다.

아기4: 그렇지. 그러니까 전철처럼 굴곡 없는 삶이 가장 나은 거지?

아기5: 아니. 바깥 풍경에 아무 변화도 없는 통근 기차를 타고 가는데 종착역이 죽음이라면, 그런 기차를 타고 싶을까? 아무 기대도 없이 기차를 타고 가는 건 견디기 힘들어.

 인큐베이터 안에 있는 아기5의 텔레파시에 신생아들은 큰 혼란에 빠져서 잠시 신생아실에는 정적이 흘렀다. 그렇다면 도대체 어떤 인생 그래프를 설계해야 한다는 말인가?

아기5: 처음부터 끝까지 바닥을 기어가는 그래프를 생각해봐. 아예 아무런 행복이 없다면 이 삶이 끝나길 간절히 원하지 않겠어? 그래프가 끝나는 순간에는 아쉬운 일이 없을 테니까. 그러니까 처음부터 끝까지 바닥을 기어가는 그래프를 그리는 것이 그나마 나은 거야.

인생은 기대할 수 있는 것이지
설계하는 것이 아니다.

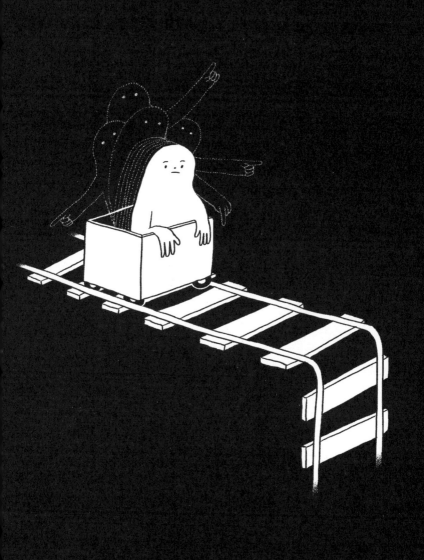

아기5의 텔레파시가 끝나자 신생아실의 아기들은 일제히 울기 시작했다.

~~~~~~~~~~~~~~~~~~~~~~~~ ✏ ~~~~~~~~~~~~~~~~~~~~~~~~

우디 앨런Woody Allen은 이런 말을 했다. "백세까지 살고 싶게 만드는 모든 것을 포기할 때 당신은 백세까지 살 수 있다." 그는 1935년에 태어났다. 영화 만들기는 그에게 고역일지 모른다.

목동의 파리가
캘리포니아로 간 까닭은

양천구 목동 파리공원에서 활동하던 파리 한 마리가 리무진 버스를 타고 인천공항으로 향했다. 세계 파리 연합으로부터 연락을 받고 한국에서 세계 주요 도시로 파견되는 파리들 가운데 한 마리다.

세계 파리 연합은 한국, 특히 수도권에서 활동하는 파리들의 뛰어난 능력에 주목했다. 이곳 파리들은 그 민첩함에서 전세계 어느 파리보다도 뛰어났다. 인간이 파리 종을 위협하는 파리채를 개발한 이후로 수없이 많은 파리들이 파리채에 압살 당했지만, 한국의 파리들은 이에 굴하지 않고 그 민첩함으로 인간의 파리채 공격을 넘어섰다. 세계 파리 연합은 이 점을 높이 사서 전 세계 파리들에게 한국 파리의 민첩함을 전파하고 싶었다. 하지만 날개가 있는 파리라도 바다를 쉽게 건너 날아갈 수는 없었다. 많은 파리들이 동해와 황해를 건너 날아가 보려 했으나 대부분 바다로 추락하거나 인근 섬에 불시착하고 말았다.

리무진버스를 빠져 나온 파리는 미국 캘리포니아 샌프란시스코로 가는 비행기 화물칸으로 날아 들어갔다. 파리는 마카다미아 같은 견과류 부스러기를 먹으며 긴 시간을 버텼다. 그리고 한국의 그 풍성한 뒷골목을 떠올렸다. 자신을 노리는 사람들도 많았지만 또한 먹을거리도 풍부했던 그곳을 뒤로 하고 한 번 가면 돌아올 기약이 없는 샌프란시스코로 가고 있다는 생각에 우울해진 파리는 캘리포니아 파리들에게 자신의 노하우를 전파해야 한다는 사명을 떠올리며 마음을 고쳐먹었다.

캘리포니아에 도착한 파리는 입국 수속을 하는 사람들을 뒤로하고 공항을 빠져나왔다. 마중 나온 캘리포니아 파리들이 한국 파리를 샌프란시스코 시내로 안내했다. 많은 캘리포니아 파리들이 한국 파리를 보고자 모여들어 보기 드물게 거대한 파리 떼가 만들어졌다. 캘리포니아 파리들은 한국 파리의 민첩한 날갯짓을 숨죽이고 지켜보았다. 앞발을 비비는 소리만 간헐적으로 들릴 뿐이었다.

"바로 그게 문제입니다." 한국 파리는 파리어[註]로 캘리포니아 파리들에게 말했다.

"양쪽 앞발을 비비더라도 그렇게 넋을 놓고 마냥 있어서는 안 돼요. 그 많은 눈을 멍하니 놀리고 있잖아요. 조금이라도 이상한 것이 느껴지면 무조건 앞발 비비기를 그만두고 바로 날아갈 채비를 하고 있어야 합니다."

한국 파리는 열심히 자신의 노하우를 가르쳤다. 체온이 올라가는 것을 참으면서 날갯짓을 하는 방법과 곁눈질하면서 앞발 비비기, 그리고 맹렬한 속도로 눈알 굴리기에 대한 강의가 이어졌다. 캘리포니아 파리들은 신세계를 만난 듯 한국 파리의 비행 기술과 생존 기술에 빠져들었다.

한 달 후 캘리포니아 파리들의 움직임은 눈에 띄게 빨라졌다. 날갯짓은 눈에 보이지 않을 정도였고 그에 따라 엄청난 소리도 나오게 되었다. 그러자 사람들에게 파리의 존재가 성가시기 시작했다. 사람들 눈에는 갑자기 파리가 많아진 것처럼 보였다. 파리채가 날개 돋친 듯 팔리기 시작했다. 그리고 수많은 캘리포니아 파리들이 파리채에 희생되었다.

≈≈≈

한국에서 단련된 날갯짓으로 목숨을 겨우 부지한 한국 파리는 '캘리포니아 파리 대참사'를 뒤로 하고 파리행 비행기에 몸을 실었다. 빨리 파리에 있는 세계 파리 연합에 가서 이 사태를 보고해야 한다는 초조감에 양발을 빠르게 비볐다.

〰〰〰〰〰〰 ✏ 〰〰〰〰〰〰

우리나라 파리가 다른 파리들보다 민첩하다는 생각을 한 적이 있다. 아마 모기에 대해서도 비슷하게 생각했던 것 같다. 여기 사람들이 바쁘다 보니 파리나 모기도 덩달아 빨라졌다면 파리나 모기에게 좀 미안한 생각이 든다. 루이스 캐롤Lewis Carroll의 《거울 나라의 앨리스》가 그리는 세상에서는 하나가 움직이면 다른 것도 그 속도로 움직인다. 그래서 앨리스는 나무 밑에서 벗어나기 위해서 평소에 뛰는 것보다 두 배는 빨리 달려야 했다. 우리나라 파리와 모기도 살아남기 위해서는 다른 곳보다 더 빠르게 움직여야 할 것이다. 그러면 우리도 더 빨리 움직이게 될지 모른다.

모든 생명체는
비슷한 정도로 열심히 산다.

맛이 좋은
맛의 달인 임팔라

아프리카 초원에서 살아가던 임팔라 한 마리가 있었다. 이 임팔라에게는 여느 임팔라들과는 다른 특징이 하나 있었다. 보통 임팔라들은 사자가 오는지 하이에나가 오는지 눈치를 살피며 풀을 뜯어 먹느라 풀맛을 전혀 느끼지 못하지만, 이 임팔라는 자신이 뜯어 먹는 다양한 풀의 맛과 향을 즐겼다.

임팔라는 맛있는 풀을 더 많이 먹고 싶었고, 풀뿐 아니라 과일도 먹고 싶어 했다. 얼마 전엔 킬리만자로 근처에 맛있는 과일이 있다는 소식을 듣고 무리에서 벗어나 킬리만자로까지 간 적도 있었다. 다른 임팔라들은 임팔라의 목숨을 건 식사를 이해할 수 없었다.

"너는 왜 그렇게 풀을 많이 먹니? 그걸 그렇게 많이 먹어서 뭐 하려고? 그러다 사자라도 오면 어떻게 하려고 그래?"

하지만 임팔라는 오히려 그런 동료들의 지적을 전혀 이해할 수 없었다.

"어떻게 이렇게 맛있는 풀과 과일을 그렇게 조금만 먹고 말 수가 있니? 너희들이 맛있는 풀을 먹어보지 못해서 그래. 킬리만자로에서 나는 과일을 먹어봤다면 그런 소리를 못할 텐데. 세상에는 너무 맛있는 것들이 많고 나는 아직도 맛보지 못한 것들이 너무 많아. 난 맛있는 것을 찾아 먹으면서 살아갈래."

이 임팔라는 무리의 다른 임팔라에 비해 두 배를 먹었고 먹는 데 두 배의 시간을 썼다. 그래서 마침내 풀만 먹고 비만하게 된 최초의 포유동물이 되었다. 살이 찐 임팔라는 다른 임팔라보다 뛰는 속도가 조금 느렸다. 뛰어 오르는 높이도 조금 낮았고 한 번에 뛸 수 있는 거리도 조금 짧았다. 하지만 임팔라는 신경 쓰지 않았다. '더 높이, 더 멀리, 더 빠르게 뛰는 것이 뭐 그리 중요하단 말인가?'

무리보다 조금 느린 이 임팔라는 무리에서 뒤처지곤 했다. 어느 날 위기의 순간이 닥쳐왔다. 무리에 뒤처져 달리던 임팔

오늘도 난 누군가의 꿈을
나도 모르게 꺾었을 수 있다.

라를 사자가 뒤에서 덮쳐 잡은 것이다. 임팔라는 자신의 목덜미를 잡은 사자에게 사정을 해보기로 했다.

"절 놓아주시면 안 되나요? 전 다른 임팔라와는 다릅니다. 풀만 먹고 달리기만 잘하는 다른 임팔라와 달리 저는 여러 가지 맛을 구별할 수 있고 즐깁니다. 정말 맛있는 과일들이 자라는 곳도 잘 알아요. 전 꿈이 있어요. 아직 많은 것들을 더 맛보고 싶습니다. 저를 놓아주세요. 사자님께도 다양하고 맛있는 먹을거리를 안내해 드리겠습니다. 한번 맛보시면 육식만을 고집하지 않게 되실 거예요. 세상에는 임팔라보다 맛있는 것이 널려 있답니다."

사자는 자신에게 사정을 하는 미식가 임팔라에 놀라며 이렇게 대답했다.

"넌 분명 특별한 임팔라다. 이 초원에서 너처럼 살찐 임팔라는 아마 없을 거야. 난 너처럼 살찐 임팔라를 맛보고 싶었지. 나 또한 아직도 맛보고 싶은 것이 많이 남았단다."

그날 유일한 살찐 초식동물 임팔라는 유일한 살찐 육식동물 사자에게 먹히고 말았다.

우리가 상상할 수 있는 가장 완벽한 세상에서는 모든 꿈이 다 이루어질 것이라고 기대한다. 하지만 다른 사람의 꿈을 파괴해야만 이루어지는 꿈이 있는 한, 그런 세상은 올 수 없다.

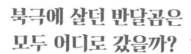

북극에 살던 반달곰은
모두 어디로 갔을까?

북극에도 반달곰이 살고 있었다. 다시 말해서 당시 반달곰은 '북극곰'이었다. 하지만 반달곰이 유일한 북극곰은 아니었다. 북극곰 중에는 온몸이 흰색 털로 뒤덮인 흰곰도 있었다. 반달곰과 흰곰은 서로 털색만 달랐을 뿐 다른 모든 점에서 똑같이 곰 같았다. 그들은 곰 대 곰으로 평화롭고 평등하게 지냈다.

그런데 문제가 있었다. 반달곰은 물개 사냥을 잘하지 못했다. 반달곰의 사냥 실력이 떨어져서가 아니었다. 반달곰의 검은 털이 물개의 눈에 너무나 잘 띄었기 때문이다. 반면 흰곰은 눈밭에 숨어서 물개가 가까이 올 때까지 기다렸다가 쉽게 물개를 잡을 수 있었다.

물개에게 반달곰은 어리석지만 고마운 존재였고, 흰곰은 밉고 무서운 존재였다. 물개는 북극에 굳이 곰이 있어야 한다면 반달곰이었으면 좋겠다고 생각했다. 하지만 물개의 바람과는 정반대로 반달곰은 북극에서 사라졌고 흰곰만 살아남았다. 이제 공식적으로 북극곰은 흰곰이 되었다. 물개들은 반달곰을 그리워했다. 물개는 물개 사냥 전문가인 흰곰에게 쫓기는 신세가 되었다. '도대체 왜 북극에는 온통 흰곰밖에 없게 되었단 말인가.' 물개들은 한탄했지만, 흰곰을 유일한 북극곰으로 만들어준 것은 바로 자신들이었다.

그렇게 자연은 반달곰 대신 흰곰을 북극곰으로 선택했다. 여기서 '자연'은 물개다. 물개는 흰곰을 싫어함으로써 오히려 흰곰을 북극곰으로 선택한 것이다. 반대로 물개에게 인기가 좋았던 반달곰은 바로 그 때문에 북극곰으로 선택받지 못했다. 이것이 때로는 변덕스러워 보이는 자연의 선택 방식이다. 자연이 싫어하는 것이 남게 되는 것이다.

이에 비해서 인간이 다른 종을 선택하는 방식은 변덕스럽지 않다. 인간 주변에는 여러 성격과 모습을 가진 개들이 있었다.

이 가운데 귀엽지 않거나 충성스럽지 않은 개들은 인간의 선택을 받지 못했다. 인간의 선택을 받지 못하면 인간 주변에서 개로 살아갈 수 없었기에 그런 개들은 인간 곁에서 사라졌다.

인간의 선택으로 귀여운 개들과 충성스러운 개들만이 인간의 옆을 지키는 개로 남게 되었다. 인간이 달고 빨간 딸기를 원했으므로, 더 달고 더 빨간 딸기가 인간의 선택을 받았다. 더 먹음직스럽고 병충해에 강한 옥수수가 선택을 받았고, 씨가 없는 수박이 선택을 받았다. 인간이 그런 옥수수와 수박을 원했음으로써 그런 옥수수와 수박이 선택을 받은 것이다. 인간도 자연의 일부이므로, 자연의 선택 방식은 때로는 이처럼 직설적이다.

자연이 좋아하는 것이 남는다.

인간은 다른 인간을 좋아하기도 하고 싫어하기도 한다. 한편으로는 누구나 같이 있길 꺼려하는 사람이 있다. 그런 이를 '진상'이라고 한다. 진상은 우리가 모두 싫어한다는 바로 그 이유 때문에 우리 주변에 남게 되는가, 아니면 우리 주변에서 사라지게 되는가?

반면 많은 사람들이 사랑하는 사람이 있다. 그들은 바로 그

우리의 바람과는 상관없이
우리의 행동^{act}이 사실^{fact}을 만든다.

사랑 때문에 자신을 좋아하는 사람들 주변에 남게 되는가, 아니면 사라지게 되는가?

~~~~~~~~~~~~~~~~~~~~~~~~~ ✏ ~~~~~~~~~~~~~~~~~~~~~~~~~

모든 사람이 좋아하는 사람은 우리 곁을 일찍 떠나는 것 같다. 내가 그 사람을 좋아했던 게 그런 결과를 가지고 온 걸까? 모든 사람이 꺼려하는 사람은 사라지지 않고 항상 우리 주변에 있는 것 같다. 내가 그 사람을 꺼려하는 게 그런 결과를 가지고 오는 걸까?

큰 나무 밑에선
작은 나무라도 자란다

나뭇가지로 씨앗이 떨어졌다. 바람에 날려서 멀리 날아가야 했지만 이 씨앗은 자신을 만들어낸 큰 나무의 가지 위에 떨어지고 말았다. 씨앗을 만든 큰 나무도 바람에 날아간 씨앗들보다 가지에 떨어진 씨앗을 지켜보고 싶은 듯 자신의 가지 하나를 씨앗이 살아가는 터전으로 내어줬다.

씨앗은 가지에서 자라서 작은 나무가 되었다. 큰 나무와 그 가지에서 자란 작은 나무는 크기만 다를 뿐 똑같은 모양을 하고 있었다. 큰 나무의 가지에서 자란 작은 나무는 크게 자라지 못했다. 작은 나무의 몸통은 큰 나무의 가지보다 굵지 못했다. 작은 나무는 큰 나무에게 불만을 터뜨렸다.

"어떻게 나무 몸통보다 나뭇가지가 더 굵을 수가 있어요?"

큰 나무는 아무 말이 없었다. 작은 나무는 큰 나무의 가지 위에서 살아가면서 더 이상 자라지 않는 자신의 모습에 실망했다. 자신이 이렇게 자라지 못하게 된 것은 큰 나무가 자신을 놓아주지 않아서라고 생각했다.

≋

어느 날 사람들이 숲으로 와서 나무들을 베어 넘겼다. 큰 나무도 사람들의 도끼질에 쓰러졌다. 쓰러진 큰 나무는 곧 시들어갔다. 큰 나무의 가지에 붙어 있던 작은 나무도 시들어갔다. 하지만 큰 나무는 자신의 몸통에 남아 있는 마지막 수분과 영양분을 작은 나무에게 남겨두었다. 큰 나무가 시들어 죽었고 그 후에 작은 나무가 시들어 죽었다. 죽어가면서 작은 나무는 자신이 지금까지 살 수 있었던 이유는 큰 나무가 자신을 놓아주지 않아서였다고 생각했다.

나는 누군가의 나무 위에
떨어진 씨앗이었다.

'큰 나무 밑에는 나무가 자라지 못한다'는 말이 있다. 하지만 큰 나무 밑에서 힘겹게 자란 나무는 큰 나무 덕에 그나마 자라지 않았을까? 우리를 지탱하고 있는 것들은 그것이 뽑혀 사라지기 전까지 아무 말이 없다. 우리를 지탱하는 데 온 힘을 다 쓰기 때문이다.

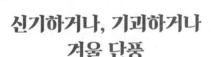

신기하거나, 기괴하거나
겨울 단풍

겨울 문턱, 주변 나무들이 나뭇잎을 잃고 앙상하게 될 즈음 비로소 단풍이 드는 나무가 있었다. 다른 나무는 모두 가지가 앙상했기 때문에, 붉게 물든 나뭇잎을 풍성하게 갖고 있는 나무는 쉽게 눈에 띄었다. 가을 단풍이 진 것을 아쉬워한 사람들은 겨울 단풍나무를 좋아했다. 이 나무 주인은 특별히 공을 기울여서 겨울 단풍나무를 가꿨다. 그는 햇볕이 잘 들도록 주변에 자라던 나무들을 모두 베어 없앴다.

　마을 사람들은 자신들의 마당에도 그런 나무가 있기를 원했다. 그래서 사람들은 나무 주인에게 그 나무의 씨앗을 좀 나눠 달라고 했다. 하지만 나무 주인은 이를 거절했다. 그래서 그 마을에서는 겨울에도 붉은 단풍나무를 주인의 집 마당에서만 볼 수 있었다.

그런데 어느 해 한여름에 단풍이 드는 나무가 생겨났다. 사람들은 한여름부터 단풍을 볼 수 있다면서 그 나무를 좋아했다. 이 나무 주인은 여름 단풍나무를 특별히 잘 가꿨다. 마을 사람들은 자신의 마당에도 여름 단풍이 있기를 원했다. 그래서 마을 사람들은 나무 주인에게 가서 그 나무의 씨앗을 좀 나눠 달라고 했다. 여름 단풍나무 주인은 사람들의 청을 들어줬다. 그렇게 마을 사람들도 자신의 마당에 여름 단풍나무를 갖게 되었다.

사람들은 더위가 시작될 때부터 날씨가 추워질 때까지 단풍나무를 보게 되었다. 알록달록한 단풍은 사람들의 눈을 즐겁게 해줬다. 하지만 겨울이 오고 눈이 내릴 때까지 단풍을 보고 싶지는 않았다. 그렇게 사람들은 겨울 단풍나무를 지겨워하게 되었다. 이제 마을 사람들은 겨울 단풍나무가 어서 나뭇잎을 잃고 앙상해지길 원했다.

겨울 단풍나무는 폭죽 행사가 끝나고 구경꾼들이 집으로

돌아가는 길에 터지는 뒤늦은 폭죽 같았다. 단말마의 비명 같았고 폭발음 같았다. 겨울 단풍나무를 보려는 사람이 없어지자 겨울 단풍나무 주인은 나무를 베어냈다. 사람들은 이제 더 이상 겨울에 단풍을 볼 수 없게 되었다.

신기한 것은 많은 사람들의 사랑을 받아야 비로소 신비한 것이 되고, 그렇지 못하면 기괴한 것이 된다.

평범한ordinary 것에
사랑이 더해지면
놀라운extraordinary 것이 된다.

귀꺼풀이 돋아나고
어른이 되어버렸다

고속도로 바로 옆에 지어진 집에 사는 사람이 있었다. 그는 하루 종일 집에 있어야 했고 집에 있는 동안 고속도로를 지나가는 자동차 소리를 쉼 없이 들어야 했다. 그는 사람들이 자동차를 조금 덜 타고 다니길 바랐지만, 세월이 갈수록 고속도로 위를 달리는 자동차는 점점 더 많아졌다. 늦은 밤이 되면 지나가는 자동차가 좀 뜸해지기도 했다. 그러나 아주 짧은 시간이나마 자동차가 지나가지 않게 되더라도 다음에 지나갈 자동차 소리에 미리 신경을 쓰게 되어서 소리가 없어도 소리가 있는 듯 괴로웠다.

　눈으로 많은 것을 볼 수 있고, 보기 싫은 것은 눈을 감으면

보지 않을 수 있다. 코로 많은 냄새를 맡을 수 있고, 싫은 냄새는 곧 익숙해져 느껴지지 않게 된다. 하지만 귀에 들리는 소리는 다르다. 눈을 감고 침대에 누워서도 멀리 다가오는 자동차 소리, 옆집 아이가 길에서 친구를 부르는 소리, 냉장고가 작동하는 소리를 들을 수 있지만, 이 중에서 듣기 싫은 소리만 막을 수는 없다.

듣기 싫은 소리가 괴로운 점은 끝이 없다는 것이었다. 자동차가 끊임없이 밀려오듯이 소음도 끊임이 없었다. 사람들은 이렇게 말한다.

"한쪽 귀로 듣고 한쪽 귀로 흘려라."

그는 이런 말을 경멸했다. 귀는 소리를 흘릴 수 있는 기관이 아니다. 귀는 오로지 소리가 들어오는 통로일 뿐이지 귀를 통해서 소리가 나갈 수는 없었다. 귀는 쏟아져 오는 소리가 지나는 통로이되 문이 없는 통로다. 닫을 수 없는 통로이기에 모든 소리가 쏟아져 들어왔고 그는 모든 소리를 저항할 수 없이 들을 수밖에 없었다. 그래서 그는 결심했다. 이 통로에 문을 만들겠다고.

고속도로 옆에서 살아야 했던 그는 듣기 싫은 소리를 마음만 먹으면 듣지 않도록 할 수 있는 기술을 매일 훈련했다. 처음에 그가 한 훈련은 원하면 모든 소리를 듣지 않을 수 있는 힘을 기르는 훈련이었다. 눈꺼풀을 내리면 모든 것이 보이지 않게 되듯이, 오랜 훈련의 결과 그는 '귀꺼풀'을 갖게 되었다. 귀꺼풀을 닫으면 아무 소리도 들리지 않았다. 그는 귀꺼풀을 닫고 침대에 누워 처음으로 자동차 소리를 듣지 않으며 잠이 들었다. 꿈속은 깊은 물속처럼 조용했다. 그는 물에 빠진 듯 잠을 잤다.

하지만 귀꺼풀을 갖자 생각지 못한 불편한 일이 생겨났다. 자동차에서 울리는 경적을 못 들어 차에 치일 뻔한 일도 있었고, 길에서 자신을 부르는 소리를 못 듣고 지나치는 바람에 친구의 오해를 사기도 했다. 그는 귀꺼풀을 닫고도 듣고 싶은 소리는 들을 수 있기를 바랐다.

오랜 연습 끝에 그는 드디어 원하는 소리만 듣고 원하지 않는 소리는 듣지 않게 되는 기술을 갖게 되었다. 고속도로를 달리는 자동차 소리는 듣지 않으면서 집 위를 날아가는 새들이 지저귀는 소리는 들을 수 있었다. 텔레비전을 보다가 전화 소

누구나 월광장이 되는 밤

리가 들리면 텔레비전 소리는 듣지 않으면서 전화에 집중할 수도 있었다.

귀꺼풀을 갖게 되어 생긴 변화 가운데 하나는 소리에 민감해졌다는 것이다. 그가 듣고 싶은 소리라고 느끼는 기준은 점점 높아졌다. 예전에 즐겨 듣던 음악도 이제는 마음에 들지 않았다. 남들이 자신에게 하는 충고는 듣고 싶지 않았고, 자신을 칭찬하는 소리도 만족스럽지 않았다. 그래서 그가 듣는 소리는 점점 줄어들었다. 풀벌레소리, 새소리, 바람소리, 이 모든 것이 그에겐 들을 만한 소리가 아니었다.

그는 다시 훈련에 돌입했다. 이번 훈련의 목표는 듣고 싶은 소리를 마음속에서 만들어내는 것이었다. 오랜 훈련의 결과 그는 듣고 싶은 소리를 마음속에서 만들어낼 수 있게 되었다. 이제 만족스런 음악을 들 수 있었고, 만족스런 새소리, 바람소리가 들려왔다. 일방적인 충고는 귀꺼풀로 덮어버리고 자신이 듣고 싶은 소리만 들을 수도 있었다.

어느 날 그가 지하철을 탔을 때의 일이다. 객실로 들어선 그는 우선 밖에서 들리는 시끄러운 지하철 소리를 끈다. 그리고 사람들이 떠드는 소리도 끈다. 물건을 팔기 위해 사람들을 끌어모으는 시끄러운 소리도 끈다. 그리고 지하철 손잡이를 잡고 자신이 그 순간 가장 듣고 싶어 하는 음악을 켠다. 오늘 듣고 싶은 것은 나훈아와 심수봉의 듀엣곡. 하지만 두 가수가 실제로 부른 노래가 아니라 그가 생각하는 최고의 나훈아와 최고의 심수봉이 그의 머릿속에서 부르는 노래다. 그는 나훈아와 심수봉이 부르는 비틀즈의 '렛잇비'를 듣는다.

음악을 들으면서 그는 주변 사람들의 얼굴들을 훑어보았다. 그들은 모두 하루 종일 듣기 싫은 소리를 들으며 고생을 하다가 듣기 싫은 소리가 나는 지하철을 타고 있었다. 그는 그들에게 연민을 느꼈다. 소음에 저항하지 못하는 무능력한 사람들의 처지가 딱하게 느껴졌다. 그들은 듣기 싫은 소리를 피하기 위해 귀에 이어폰을 꼽고 조금 덜 듣기 싫은 소리를 귓속에 쏟아붓는다. 이 불쌍한 사람들은 소음을 도저히 참을 수 없으면 정신을 잃고 위층에 사는 이웃을 찾아가 욕설을 퍼붓는 것으로 자신의 무능력을 표현하곤 했다. 그는 그들이 진심으로 불쌍했다.

그런데 그런 불쌍한 사람들의 얼굴 사이로 전혀 불쌍하지 않은 얼굴 하나가 그의 눈에 잡혔다. 그 얼굴의 주인공은 고등학생으로 보이는 소녀였는데, 다른 사람들과는 달리 귀에 이

어폰을 꼽지 않았다. 소녀는 아무 소리도 내지 않은 채 그를 쳐다보고 있었다.

소녀의 얼굴을 마주 보면서 그는 자신에게 귀꺼풀이 있다는 것을 소녀가 알고 있다는 생각이 들었다. 소녀의 웃는 얼굴이 그것을 말하고 있었다. 지금까지 그는 귀꺼풀 기술에 대해서 아무에게도 말하지 않았다. 그래서 이 비밀스런 기술을 갖고 있는 사람이 자신 말고 또 있을 것이라고는 기대하지 않았다. 그런데 소녀의 얼굴은 이 비밀을 모두 아는 사람처럼 보였다. 그래서 그는 소녀에게 다가가 물었다.

"너도 귀꺼풀이 있니?"

"아니요. 전 아저씨처럼 귀꺼풀을 갖고 있지 않아요."

"하지만 너는 다른 사람과는 달라 보여. 왜 그런 거야?"

소녀는 이렇게 말했다.

저는 태어나면서부터 기찻길 옆에 살았어요. 그래서 기차 소리를 아름답게 듣는 연습을 해왔죠. **이제 모든 소리를 아름답게 들을 수 있어요.** 그래서 저는 아저씨처럼 귀꺼풀이 필요하지 않아요.

듣기 싫은 소리에
대처하는 방법.

귀를 막거나
그 소리를 사랑하거나.

철학자 몰리뉴^{William Molyneux}는 영국의 철학자 로크 ^{John Locke}에게 이렇게 물었다. "태어나면서부터 앞을 보지 못한 사람이 있습니다. 그는 손으로 더듬어서 어떤 물체가 직육면체인지 둥근 공인지를 완벽히 구별해낼 수 있다고 해요. 이제 책상 위에 직육면체 물체 하나와 둥근 공 하나를 놓습니다. 바로 이 순간 태어나면서부터 앞을 보지 못하던 이가 갑자기 앞을 볼 수 있게 된다고 해보세요. 그는 책상 위에 있는 물체를 만지지 않고도 어느 것이 직육면체이고 어느 것이 둥근 공인지 알아낼 수 있을까요?" 몰리뉴의 아내는 앞을 보지 못했다. 몰리뉴는 왜 이런 물음을 갖게 되었을까?

눈빛으로는
용서를 구할 수 없다

사업으로 많은 돈을 번 사람이 있었다. 그는 젊은 시절에 결혼해 아들 하나를 가졌다. 그는 어린 아들을 생각하며 더 열심히 일했고, 덕분에 많은 돈을 벌 수 있었다. 돈을 벌기 위해서 필요하다면 그는 거짓말도 했고 협박도 했다. 거짓말을 하고 협박을 하면서 그는 아들이 보다 더 잘살기 위해서는 작은 거짓말과 작은 협박이 필요하다고 믿었다. 그는 자신이 번 돈으로 사람들을 유혹하기도 하고, 유혹에 빠진 사람을 협박해서 자신의 편으로 만들기도 했다.

사람들은 그를 두려워했지만, 그의 편에 들어가야 돈을 벌수 있다고 생각했기 때문에 마지못해 그의 편에서 일했다. 그리고 그의 편에서 일하면서 자신들도 작은 거짓말과 작은 협박을 하게 되었다. 그렇게 그의 사업이 완성되었고 누구도 그의 사업을 무너뜨릴 수 없게 되었다.

그의 아들은 커갈수록 아버지가 점점 싫어졌다. 아버지는 아들에게 자신이 하던 방식대로 자신의 사업을 계속해 나가라고 했다. 하지만 아들은 그러고 싶지 않았다. 아들은 아버지의 사업을 그의 방식대로 계속하고 싶지 않았고, 그러자 아무 일도 하고 싶지 않아졌다. 아들은 아무 일도 하지 않고 방에서 나오지도 않았다. 하고 싶은 일이 없어지자 아들은 할 수밖에 없는 일만 했다. 소리를 지르고 싶어서가 아니라 소리를 지를 수밖에 없어서 소리를 질렀다. 울고 싶어서가 아니라 울 수밖에 없어서 울었다.

어느 날 아들은 '아버지 곁을 떠나고 싶어서가 아니라 떠날 수밖에 없어서 떠나겠다'고 아버지에게 말했다. 아들은 아버지 곁을 떠나 살기 위해서 미리 유산을 달라고 말했다. 이 말에 아버지는 화가 나서 참을 수 없었다. 그래서 그는 아들에게 이렇게 말했다.

용서를 구하고 싶은 생각이
용서를 구하는 행동을 대신할 수 없다.

"날 떠나는 것은 네 자유다. 하지만 나에겐 내 돈을 너에게 줄 자유도 있고 주지 않을 자유도 있다. 난 너에게 내 돈을 주지 않겠다. 내가 죽어서도 넌 내 돈을 가질 수 없다. 오늘 당장 변호사에게 지시해서 내 돈 한 푼도 너에게 가는 일이 없도록 만들 것이다. 그러니 내 돈 없이 당장 떠나라."

아들은 아버지를 원망하고 저주하며 집을 떠났다. 그러고 싶지는 않았지만 그럴 수밖에 없다고 생각했기에 그렇게 한 것이다.

아들이 떠나고 난 후 아버지는 변호사로 하여금 아들이 자신의 돈을 한 푼도 가질 수 없도록 만드는 문서를 작성하게 했다. 그리고 그는 잠자리에 들었다. 다음날 그는 자리에서 일어날 수 없었다. 그에게 희귀한 병이 생긴 것이다. 그는 자신의 몸을 움직일 수 없었다. 입을 열어 말을 할 수도 없었고, 손가락을 움직일 수도 없었다. 그가 할 수 있는 행동이라곤 눈을 깜빡이고 눈동자를 좌우로 움직이는 것뿐이었다. 하지만 그는 몸을 움직일 수 있었을 때처럼 생각할 수 있고 느낄 수 있었다. 그는 아들이 자신을 떠났기 때문에 이런 병을 얻게 되었다고 생각해서 아들에게 더욱더 큰 분노를 느꼈다.

십 년이 지났다. 그는 여전히 몸을 움직일 수 없었다. 그의 주변에 있던 사람들은 더 이상 그를 두려워할 필요가 없었기 때문에 그를 떠나갔다. 아내도 그를 떠났다. 그의 곁을 지키는 사람은 모든 사람이 떠나서 그를 지킬 수밖에 없게 된 간호사 한 명뿐이었다. 그는 십 년 동안 침대에 누워 많은 생각을 했다.

그는 자신이 살아온 날들을 되돌아봤다. 그는 자신이 살아온 방식이 싫어졌다. 돈을 벌기 위해서 거짓말을 하고 협박을 하던 자신이 싫었다. 자신을 떠나간 아들은 그럴 수밖에 없었고 아들이 떠나게 만든 사람은 바로 자신이었다고 생각하게 되었다. 그리고 아들이 오길 간절히 바랐다.

그러던 어느 날 아들이 아버지의 집으로 돌아왔다. 아들은 그동안 험하게 세상을 살았다. 아들의 눈에는 아직도 아버지에 대한 원망이 서려 있었다. 아버지는 아들이 겪었던 고통을 그대로 느끼듯 고통스러웠다. 아버지는 아들에게 지난 날 자신이 한 일에 대해서, 그래서 아들이 겪었던 고통에 대해서 용서를 구하고 싶었다. 하지만 그럴 수 없었다. 눈꺼풀을 떠는 것만으로는 용서를 구할 수 없었다.

~~~~~~~~~~~~~~~ ✏ ~~~~~~~~~~~~~~~

용서하고 싶어서가 아니라 용서할 수밖에 없어서 용서를 한다면, 용서받은 자는 편안할 수 있을까?

다이어트
자본주의

굶지 않으면서 체중을 줄일 수 있는 프로그램을 찾고 있는 사람이 있었다. 그는 체중을 줄이고 싶으면서도 단식을 하고 싶지는 않았다. 어느 날 그는 단식 없는 다이어트를 광고하는 곳을 찾아 전화했다. 한 달간 그곳에서 숙식을 하면서 체중 관리를 하는 방식이라고 했다. 비용이 생각보다 저렴했고, 마침 위치 또한 그의 직장과도 멀지 않았다. 다음날 그는 그곳으로 떠났다. 그곳은 시골 농장처럼 소박한 모습을 하고 있었다. 간단히 짐 정리를 하고 총무를 만나서 앞으로 일정에 대해 안내를 받았다.

≈≈≈

"아시다시피 여기는 단식을 해서 체중을 줄이는 곳이 아닙니다. 여러분이 할 일은 없습니다. 그저 방에서 하시고 싶은 일을 하시면 됩니다."

'하고 싶은 일 중에는 먹는 것도 포함되는데, 그렇다면 먹고 싶은 것을 마음대로 먹어도 된다는 말인가?' 그는 궁금했다.

"그런데 식사는 어떻게 하죠?"

"식사도 하고 싶은 대로 하시면 됩니다."

"먹고 싶은 대로 먹는다고요? 그러면서 어떻게 체중을 줄일 수 있다는 거죠?"

"먹고 싶은 대로 먹는 것이 아니라 일하고 싶은 대로 식사를 하시라는 겁니다."

"일하고 싶은 대로 식사를 한다고요? 무슨 말씀이신지 이해가 안 가는데요."

어리둥절해 하는 그를 앞에 두고 총무는 여러 번 설명을 해본 듯한 말투로 대답했다.

"말 그대로입니다. 매일 하고 싶은 일이 무엇인지를 알려주시면 우리는 그 일을 하는 데 필요한 만큼의 열량이 든 식사를 드릴 겁니다. 예를 들어 회원님 같은 경우 직장에서 하게 되는 일이 무엇인지 말씀해 주시면 그 일을 하는 데 필요한 열량만큼은 충분히 낼 수 있는 음식으로 도시락을 싸서 드립니다."

"그런데 그렇게 해도 살이 빠질까요?"

"당연히 빠지죠. 생각해 보세요. 일하는 데 2,000칼로리가 필요한데 딱 2,000칼로리만 먹게 된다면 살이 찔 수 있겠습니까? 단순한 산수 문제입니다."

"그럼 유산소 운동이나 근력 운동, 이런 것은 안 하나요?"

"아무 일도 없는데 산책을 하거나 산 속을 뛰거나 하는 것을 말씀하시나요? 그런 것은 승인되지 않습니다. 일이 아니니까요. 회원님이 하는 일에 필요한 열량을 드리는 것이지 할 일 없이 달리기를 하거나 무거운 것을 들어 올리는 데 필요한 열량을 드리는 것이 아닙니다. 물론 처음에는 필요한 열량보다 아주 조금 적게 드립니다. 현재 체중에서 좀 내려가야 하니까요."

"그렇게 운동도 하지 않고 필요한 열량을 먹는데도 살이 빠진다니 좋기도 하지만, 과연 그럴까 의심이 들기도 하네요."

"자연을 거스르지 않고 산다면 체중도 자연스럽게 됩니다. 초원에 사는 사자 중에서 비만이 있나요? 그런데 사자가 할 일도 없이 초원을 뛰어다니고 근력 운동하던가요? 사자는 거의 하루 종일 누워서 잠만 잡니다. 그런데도 모든 사자는 날렵한 몸을 갖고 있죠. 인간은 일하는 데 필요한 열량 이상을 잔

뜩 먹고 나서는 이를 태우기 위해서 또 트레드밀이라는 쳇바퀴에 올라가 뛰죠. 사자로 치자면, 사슴 한 마리로도 충분한데 맛있다고 사슴 두 마리 먹고 배부르다고 킬리만자로 꼭대기까지 뛰어올라갔다 오는 격입니다."

그는 킬리만자로 꼭대기를 뛰어오르는 사자 이야기를 듣고 웃음이 나면서도 총무에게서 묘한 믿음을 느꼈다. 이 사람에게 전적으로 체중 문제를 맡기는 게 옳겠다는 생각도 들었다.

"듣고 보니 그렇군요. 사실 우리 조상들도 조깅이나 등산 같은 것은 따로 하지 않았죠. 그런데도 비만으로 걱정했다는 이야기를 들어본 적이 없으니까요."

"맞습니다. 조선시대에 살을 빼기 위해 뛰어다니던 사람은 없었죠. 우리도 조상들처럼 자연스럽게 살아가면 저절로 살이 빠지는 겁니다. 그러니까 내일 아침에 내일 할 일을 적어서 제출하세요. 그에 해당하는 칼로리만큼 음식을 받아 마음껏 드시면 되지요."

다음날부터 그는 자신이 할 일을 적어서 제출했다. 그는 주로 컴퓨터 앞에 앉아서 일하기 때문에 하루에 배당받는 음식의 열량은 2,000칼로리가 되지 않았다. 그는 이에 해당하는 음식을 몇 가지 중에서 고를 수 있었다. 좀 더 푸짐하게 먹고 싶다면 야채 위주로, 저작 활동을 간단히 하고 싶다면 초콜릿 같은 고열량 식품을 먹었다.

하지만 이런 식사만으로는 음식에 대한 그의 열망이 충족될 수 없었다. 영화를 보면서 팝콘을 먹는 것은 허락되지 않았다. 자기 전에 먹는 음식은 당연히 승인될 수 없었다. 하지만 그는 팝콘도 먹고 싶었고, 달리기를 하고 나서 맥주도 마시고 싶었으며, 산책을 하다가 냉면도 먹고 싶었다. 하지만 이는 모두 허용되지 않았다.

그가 더 많은 음식을 먹을 수 있는 방법은 단 하나, 더 많은 일을 하는 것뿐이었다. 하지만 그가 직장에서 하는 일은 컴퓨터 모니터 앞을 벗어나지 않았기에 직장에서 더 많은 일을 한다고 하더라도 만족할 만큼 많은 음식을 먹을 수는 없었다. 그래서 그는 직장까지 걸어서 가겠다고 말했다. 그래도 일의 양은 부족했다.

"더 할 일이 없을까요? 직장에서 하는 일로는 일이 좀 부족해서요."

그는 총무에게 퀭한 얼굴로 물어보았다.

"좋아요. 지금 체중이 예상대로 잘 내려가고 있어요. 더 많은 일을 하고 싶다면, 농장에서 일을 거드세요. 농사는 꽤 많은 열량이 필요한 일이니까요."

≈≈≈

그는 그곳에서 운영하는 농장을 찾았다. 농장에는 그처럼 살을 빼려고 온 사람들이 일을 하고 있었다. 농장에서 사람들은 힘든 일을 자청했다. 격렬한 노동을 하고 나면 노동의 양에 따라서 맥주나 치킨 같은 음식을 먹을 수 있었다.

농장에서 생산된 농산물은 근처 시장이나 마트에 팔려 나갔다. 살을 빼러 온 사람들은 농장에서 수확한 농산물을 직접 지고 시장까지 운반했다. 농장은 이를 통해서 꽤 많은 돈을 벌어들이는 것 같았고, 그가 보기에 이 돈만으로도 이곳의 운영 경비가 모두 충당되고도 남을 것 같았다.

노동의 시간이 계속되자 그는 점점 지쳐 갔다. 체중은 '정상'에 다가가고 있었지만 그의 정신은 정상에서 멀어져 갔다. 막국수와 닭갈비 같은 것을 먹으려고 생전 해보지 않았던 장작 패기까지 했다. 갑자기 그는 자신이 왜 이곳에서 이런 노동을 하고 있는지 혼란스러워졌다. 모든 것은 체중을 빼기 위

정글 위 무지개

해 시작한 일이었다. 하지만 그는 닭갈비를 먹기 위해서 도끼질을 해야 했다. 뭔가 잘못되었다고 그는 생각했다. 살을 빼기 위해서 이런 일을 해야 할까?

≈≈≈

다음 날 그는 총무에게 그곳을 떠나겠다고 말했다.

"살은 많이 빠졌습니다. 그런데 내가 무엇 때문에 이런 일을 하고 있는지 모르겠어요. 맛있는 것을 먹기 위해서 일을 하고 있는 건지, 살을 빼기 위해서 일을 하고 있는 건지…. 사실 왜 살을 빼야 하는지도 모르겠어요. 건강해지려고 살을 빼고 싶다고 말하는 것이 옳겠지만, 왜 건강하려는 건지도 모르겠어요. 더 잘 먹으려고 그러는 걸까요? 아니면 내가 하는 일을 더 잘하려고 그러는 걸까요? 모두 다 혼란스러워서 이곳을 떠나야 될 것 같아요."

그의 말을 들던 총무는 그에게 웃으며 말했다.

"그런 위기는 여기 있는 사람들이라면 한 번씩 겪는 겁니다. 자연스러운 거예요. 왜 살을 빼야 하는지, 왜 일을 해야 하는지, 왜 건강해

다이어트의 끝은
결국 폭식이다.

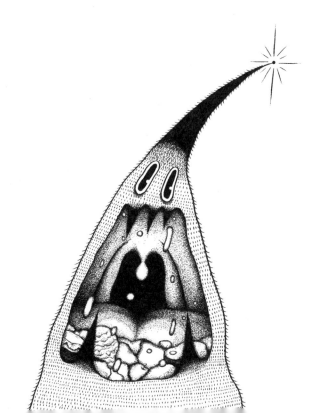

야 하는지. 아직 모르시겠어요? **회원님이 여기서 일을 하고 살을 때야, 이곳이 자연스럽게 돌아갑니다.** 회원님의 노력 없이 이곳 운영이 어떻게 되겠어요?"

———〰〰〰〰〰 ✏ 〰〰〰〰〰———

딸이 이렇게 말한 적이 있다. "빛 속에 있는 모든 것은 가볍다 Everything in light is light." 대부분의 사람들은 가벼워지길 희망한다. 결국에는 모두 가벼워질 것임에도 말이다.

★

빛 속에 있는 것은
모두 빛이기에 가볍다.

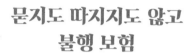

묻지도 따지지도 않고
불행 보험

지하철에 올라타서 보험을 파는 사람이 있었다. 정확히 말하자면 그는 자신이 팔려는 보험을 지하철에서 광고했다. 그가 파는 보험은 여느 보험과 좀 달랐다. 일반적으로 보험이라면 앞으로 닥칠 불행을 대비하는 것이지만, 그가 파는 보험이 대비하는 것은 이보다 범위가 넓었다.

"사람들은 몹쓸 병에 걸릴까봐, 교통사고를 당할까봐, 집에 불이 날까봐 보험에 들죠. 앞으로 일어나길 바라지 않지만 혹시라도 일어나는 경우를 대비하는 것이 보험이라고 흔히들 생각합니다. 그런데 자신에게 일어나길 바라지 않는 것이 질병과 사고뿐일까요? 아닙니다."

지하철 안에서 그는 이렇게 소리쳤다.

"여러분이 앞으로 자신에게 일어나지 않길 바라는 것은 이보다 훨씬 많지요. 지금 행복한 결혼 생활을 하고 있다면, 여러분 인생에 이혼이란 사건이 생겨나지 않길 바라겠죠? 아직 결혼은 하지 않았더라도, 막상 결혼을 해보니 자신이 원하던 결혼 생활이 아니라고 해보세요. 그런 일이 자신에게 일어나지 않길 바라겠죠? 오늘 소개하는 보험은 자신에게 일어나지 않길 바라는 그 어떤 일에 대해서도 대비를 할 수 있게 해줍니다. 이혼을 원치 않는다면 이혼 보험에 들면 되고, 불행한 결혼 생활을 원치 않는다면 그에 맞는 보험도 있습니다. 제가 오늘 소개해 드리는 보험은 만능 보험이니까요."

그가 이렇게 말하고 나면 지하철에 탄 사람들 중에는 간혹 이런저런 질문을 하는 사람들이 있었다.

"전 골프 선수인데 제 골프 실력이 사라질까봐 불안해요. 제가 어느 날 골프 실력이 형편없어지면 어떻게 하나 걱정입니다. 이런 것도 보험에 들 수 있을까요?"

"전 성격이 좋은 편입니다. 매우 낙천적이고 주변 사람들을 즐겁게 하는 재주가 있죠. 그런데 이런 제 성격을 잃어버리면 어떻게 하죠? 사람들이 절 싫어하면 어떻게 하죠? 이런 것도 보험에 들 수 있을까요?"

"전 제 여자친구를 사랑합니다. 그런데 가끔 그를 사랑하지 않게 되면 어떻게 하나 걱정하기도 해요. 그를 사랑하지 않게 되면 어떻게 하죠?"

이런 질문들에 대해서 그의 대답은 명쾌했다.

"만능 보험에 들면 여러분 인생에 일어나지 않길 바라는 모든 일로 부터 안전을 보장해 드립니다."

이때 잠재적 고객 한 사람이 만능 보험에 대해서 의문을 제기한다.

"하지만 이혼을 바라지 않았는데 이혼을 하게 되는 것과 이혼을 하고 싶어서 이혼을 하게 되는 것을 어떻게 구별하죠? 말로는 이혼을 원치 않았다고 하면서도 사실은 이혼을 원하고 있을 수 있잖아요. 그런 사람들이 이혼 보험을 들게 되면 모두 보험사기에 해당하게 됩니다. 이런 상황에서 어떻게 보험사기를 피할 수 있죠?"

만능 보험사는 이런 질문을 기다렸다는 듯이 대답한다.

"걱정 마세요. 진짜 원하는 것과 거짓으로 원하는 것은 조사하면 다 알 수 있어요. 교통사고를 당하는 것과 교통사고를 내는 것을 구별하는 일과 별반 다르지 않습니다. 만능 보험을 들게 되면 몇 가지 조사를 받게 됩니다. 이 조사를 통해서 진짜 원하는 것과 거짓으로 원하는 것 정도는 쉽게 구별이 됩니다. 걱정 마세요. 만능 보험에서 일어나는 보험사기는 다른 보험에서 일어나는 보험사기에 비하면 없는 것이나 마찬가지입니다."

이 대답은 또 다른 의문을 불러일으키는 경우가 있다. 어떤 사람은 이렇게 묻는다.

"이혼 보험을 드는 순간 이혼을 하고 싶은 마음이 들 수도 있지 않을까요? 그렇다면 이 만능 보험이라는 것이 사실은 원치 않았던 일을 원하게 만드는 나쁜 작용을 하게 된다고 할 수 있지 않을까요?"

만능 보험사는 이런 비판에도 단호하게 대답한다.

"이혼하는 것을 피하고 싶었던 사람이 이혼 보험을 들었다고 이혼을 하고 싶어진다면, 애초에 그 사람이 이혼을 피하고 싶었다고 할 수 있을까요? 그런 사람은 사실 이혼을 원하고 있었던 거죠. 만능 보험에서는 그런 사람을 걸러내기 위해서 사후 조사도 시행합니다. 사전 조사를 통과했더라도 사후 조사를 통해서 이혼을 원했던 사람은 걸러지게 되어 있으니 안심하세요. 만능 보험은 사회에 아무 해도 끼치지 않습니다."

'꽤 믿을 만한 보험인데.' 만능 보험사의 광고에 마음이 움직인 사람들은 그가 나눠주는 안내서를 곱게 접어 안주머니에 집어넣는다.

하지만 뒤쪽에 서서 지금까지 이야기를 듣고 있던 한 사람이 질문 하나를 던지자 상황은 급변한다.

"그런데 그 만능 보험이라는 걸 든 사람 중에서 보험금을 지급받은 사람의 비율은 어느 정도입니까?"

만능 보험사는 이 질문에 어색한 미소만 지으며 잠시 대답을 망설인다. 사람들은 그의 대답을 기다린다.
"아…, 예. 좋은 질문하셨습니다. 만능 보험에서는 첫 번째 수혜자를 기다리고 있습니다."

이 대답에 지금까지 그의 설명에 귀 기울였던 사람들은 각자 자기 일로 돌아갔다. 다시 고개를 숙이고 잠을 자는 척하는 사람도 있었고, 휴대 전화기를 들여다보는 사람도 있었다. 만능 보험사는 다급한 목소리로 말을 이었다.

"아직 보험 수혜자가 없는 이유는 만능 보험이 잘 알려지지 않는 바람에 보험 가입자가 많지 않아서 그런 겁니다. 여러분들이 보험 가입을 해주시면 조만간 보험 수혜자들도 생겨납니다. 걱정 마시고 만능 보험에 가입하셔서 인생에서 생겨나지 않길 원하는 불행에 빨리빨리 대비하세요."

하지만 이제 그의 말에 귀를 기울이는 사람은 별로 없어 보였다. 만능 보험사는 어깨를 늘어뜨린 채 지하철 다음 칸으로 천천히 움직였다. 지하철에서 보험을 파는 것은 그가 하지 않길 바라던 일이었다. 그래서 그는 혹시나 지하철 보험 판매를 시작하게 되는 경우를 대비해 만능 보험에 가입했다. 사전 조사를 통과한 그는 한 달 전부터 지하철에서 만능 보험을 파는 일

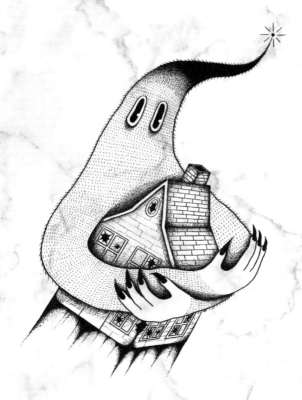

보험은 불안을 먹고 자라나서
더 큰 불안을 낳는다.

을 시작했다. 그는 자신이 원치 않았던 일을 하게 되었기 때문에 보험금 지급을 요청했다. 하지만 사후 조사 과정에서 지하철 보험 판매가 그의 적성에 맞는 일이라는 판정이 나왔다. 그의 보험금 지급은 거부되었다.

그가 바라는 것은 이제 하나였다. 자신의 실적이 저조하게 나와서 지하철 보험 판매가 자신의 적성에 맞는다는 사후 조사가 거짓임을 증명해내는 것이었다. 하지만 문제는 그가 점점 만능 보험을 파는 일에 재미를 느끼고 있다는 것이다.

'마지막 질문만 없었다면!'

그는 다음 칸으로 이동하면서 마지막 질문에 대처하는 방법에 대해서 골똘히 생각했다.

불안을 한 번에 잠가둘 수 있는 만능열쇠는 없다. 우리는 너무 다양한 것에 불안을 갖기 때문이다. 모든 불안을 상자 안에 가두고 만능열쇠로 잠근다고 하더라도 우리는 그 만능열쇠가 다른 사람의 손에 들어가지 않을까 불안해하기 시작한다.

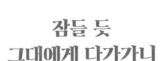

잠들 듯
그대에게 다가가니

성인 가운데 소수의 사람들은 자신의 몸에 고통이 가해지는 걸 극도로 두려워한다. 이들은 주삿바늘이 몸에 꽂히는 것을 어린아이처럼 무서워하지만, 그런 모습을 보이기 싫어서 아예 병원에 가지 않는다. 이들 중에는 혈액 검사가 두려워 건강 검진을 한 번도 받지 않은 사람도 있다.

이런 사람들의 공포심을 배려한 서비스를 시작한 의사가 있었다. 이 의사는 서비스를 요청한 사람의 집을 밤중에 몰래 방문해 깊은 잠에 빠진 의뢰인에게 서비스를 제공한다. 이 서비스는 '수면 치료'라고 불리며 모든 의료 행위에 추가할 수 있다. 물론 추가 비용이 뒤따른다. 만약 그가 방문해서 의료 행위를 하기 전이나 하는 도중에 의뢰인이 잠에서 깨어난다면, 이 서비스에 대한 비용을 지불할 필요가 없다. 따라서 의사는 매우 신중하게 의뢰인을 찾아간다.

의사는 의뢰인이 보통 몇 시에 잠자리에 드는지를 사전에 물어보고 가장 깊은 잠에 빠졌을 시간에 방문한다. 의뢰인은 의사에게 자신의 집에 들어오는 방법을 미리 알려준다. 비밀번호를 알려주기도 하고 열쇠를 주기도 한다. 의사가 부탁받는 것은 대개 예방 주사나 혈액 검사다. 최근에는 귀고리를 걸기 위해 귓불을 뚫어주는 서비스도 자주 하고 있다. 귀고리를 간절히 하고 싶지만 귓불에 구멍 내는 것을 무서워하던 사람이 자고 일어나 귀에 반짝이는 귀걸이를 보고 너무 기뻐하는 모습을 보면서 의사는 보람을 느꼈다.

수면 치료 서비스는 곧 입소문을 탔다. 주사를 무서워하는 사람들은 수면 치료 서비스에 환호했다. 그러던 어느 날 아주 까다로운 환자 하나가 의사를 찾았다. 정말 극단적으로 공포에 민감한 사람이었다. 평생 자신의 혈액형을 모른 채 살아온 그는 더 이상 혈액 검사를 미룰 수 없는 지경에 이르게 되어서 의사를 찾아왔다.

　그는 주사 바늘에 찔리는 것 자체도 너무나 무섭지만 그보다 더 무서운 것은 자신이 바늘에 찔린다는 생각을 하는 것이라고 말했다. 그래서 그는 평생 병원을 방문한 적이 없다. 그는 의사가 자신을 찾아올 것이라는 예상을 전혀 하지 못한 상태에서 의사가 자신을 찾아와 감쪽같이 혈액형 검사를 해줄 것을 부탁했다.

　첫 번째 시도는 실패였다. 의사가 새벽에 환자의 방에 들어갔을 때 환자는 의사를 빤히 노려보고 있었다. 환자는 의사가 도착할 것이라는 생각에 잠을 이룰 수 없다고 했다.

　두 번째 시도도 실패였다. 의사는 환자가 잠들었다는 연락을 듣고 환자의 침실에 들어섰다. 하지만 손목에 의사의 손이 닿는 순간 환자는 눈을 번쩍 떴고 당연히 채혈을 거부했다. 이 환자는 몸에 인기척 감지기 같은 것이라도 달고 있는 듯했다. 그의 피부는 아주 미미한 접촉도 감지할 수 있었고 그때마다 환자는 눈을 번쩍 뜨고 공포에 질려 소리를 질렀다.

　실패가 계속되자 의사도 지쳐갔다. 아예 이 환자를 포기할 생각도 했지만 그의 명성에 금이 갈 수 있었다. 심지어는 채혈을 하지 않고 혈액형을 거짓으로 알려줄 생각도 했지만, 팔뚝에서 주삿바늘 흔적을 찾을 수 없다는 걸 의심하지 않을 환자

두려움을 벗어나는 길은
두 가지다.
상상을 멈추든가,
더 놀라운 상상을 하든가.

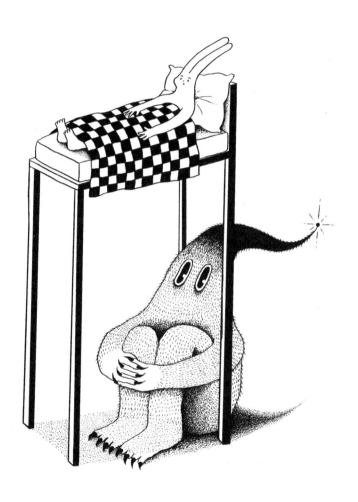

가 아니었다.

의사는 이 환자에게 강력 에어졸 최면제를 이용하기로 했다. 환자가 잠이 들자 분무 형태의 최면제가 천장에서 뿌려졌다. 더 이상 환자가 중간에 깨어날 수 없을 만큼 충분한 분량의 최면제가 뿌려졌다고 생각한 의사는 조심스럽게 침대에 누워 있는 환자에게 다가갔다.

이번 시도는 절반의 성공이었다. 의사는 드디어 환자가 깨닫지 못한 채로 채혈에 성공했기 때문이다. 하지만 완전한 성공이 아닌 것은 뼈아픈 일이었다. 환자는 영원히 다시 일어나지 못했다.

수면 치료 서비스는 중단되었다. 사망한 환자의 집 주변에 설치된 카메라에는 새벽에 나타나 몰래 환자의 집에 들어가는 의사의 모습이 남겨졌고, 의사는 환자를 살해한 범인으로 기소되었다. 환자의 혈액형은 O형으로 밝혀졌는데, 물론 사망 이후에 밝혀진 것이다.

영화감독 히치콕Alfred Hitchcock은 '공포는 총소리가 아니라 총소리를 예상하는 것에서 생겨난다'고 했다. 주삿바늘이 피부를 뚫고 들어가는 것 자체가 아니라 바늘이 자신의 피부를 뚫고 들어갈 것이라는 생각이 공포를 불러일으키는 것이다.

다리 밑에서
주워 왔다는 아이들

부모에게 '다리 밑에서 주워 왔다'는 말을 들으며 자란 아이들
이 모이는 곳이 있었다. 스스로를 다리 밑에서 주워 온 아이라
고 확고히 믿는 아이들 모두가 이곳을 잘 알고 있었다. 바로
기차역 근처 다리 밑이다. 전국의 기차가 지나가는 곳이라서
집 나온 아이들이 기차를 타고 찾아오기 좋은 곳이기도 했다.

아이들은 자신이 다리 밑에서 주워 온 것이 틀림없다고 생
각하고 집을 나온 것이기에 그들이 다시 다리 밑에 모이게 된
것은 우연이 아니었다. 이 아이들은 모두 자라면서 '넌 다리
밑에서 주워 왔어'라는 말을 반복적으로 들어왔고, 그 말이 거
짓이 아니라는 것을 이런저런 이유에서 확신하게 되었다.

그런데 자신이 있었던 다리는 도대체 어디란 말일까? 아이들은 이런 의문을 갖고 있었는데 마침 집 나온 아이들이 모두 모이는 다리가 있다는 이야기를 듣게 되는 것이다.

≋

여기서 아이들은 실수를 한 번 범하게 된다. 어떻게 다리 밑에서 주워 온 아이라고 해서 모두 같은 다리 밑에서 주워 올 수 있다고 생각할 수 있을까? 이는 모든 사람들에게 엄마가 있다고 해서 '모두의 엄마가 한 명이다'라고 생각하는 것만큼이나 잘못된 생각이다. 하지만 아이들은 자신이 처한 신세가 딱하다는 생각에 빠져 있었기 때문에 다리 밑에서 주워 온 아이들에게서 동질감을 느끼고 싶었다. 따라서 그들이 그런 어리석은 생각을 하게 된 것이 이해 못할 일은 아니었다.

그리고 더욱 중요한 점은 차라리 집 나온 아이들이 이 다리 밑에 모인 것이 아이들의 안전을 위해서라도 잘된 일이라는 것이다. 이 다리 밑을 찾아온 아이들은 모두 얼마 지나지 않아 자신들의 집으로 돌아가기 때문이다.

아이들이 집으로 돌아가는 까닭은 이 다리 밑에서 오랜 기간 살다시피 지내고 있는 한 아이와 만났기 때문이다. 아이들은 이 아이를 '다리 밑에서 사는 아이'라고 불렀다. 자신이 다리 밑에서 주워 온 아이라고 확신하고 있던 아이들은 이 아이와 이야기를 나누고는 자신이 다리 밑에서 주워 온 아이가 아니라는 생각을 하게 되었다.

'다리 밑에서 사는 아이'가 아이들을 설득하는 방법은 간단했다. 예를 들어 여기 집 나온 아이가 한 명 있는데 막 기차에서 내려 이 다리 밑을 찾아 왔다고 해보자. 이 아이는 바로 '다리 밑에서 사는 아이'와 만나게 된다. 누구든 '다리 밑에서 사는 아이'를 보면, '아, 저 아이는 다리 밑에서 사는 아이로구나'라는 생각을 하게 되기 때문이었다.

"넌 왜 집을 나왔니?"

'다리 밑에서 사는 아이'의 첫 질문이다.

"난 다리 밑에서 주워 온 아이야. 내가 아빠, 엄마라고 생각한 사람들은 사실 내 아빠, 엄마가 아니었어. 그래서 집을 나왔지."

이것이 가장 흔하게 들을 수 있는 대답이다.

"왜 그런 생각을 하게 되었는데?"
"난 일곱 남매 중 막내인데, 아빠 엄마는 내게 관심이 없어. 나에게
는 아무도 관심이 없어."

이런 대답도 흔한 대답 가운데 하나다. 물론 집 나온 아이들이
모두 일곱 남매 중 막내는 아니다. 세 자매 중 둘째인 경우도
있고, 두 형제 중 둘째인 경우도 있다. 하지만 그들에게는 공
통점이 두 가지 있었다. 하나는 부모가 자신에게 무관심하다
고 생각하는 것이고, 다른 하나는 자신이 차별, 그러니까 다른
형제보다 못한 대접을 받고 있다고 생각하는 것이다. 하긴 극
진한 관심과 사랑을 받는다고 생각을 했다면 집을 나올 이유
가 없었을 것이다.

"그렇다면 아빠, 엄마는 너에게 주지 않는 관심을 형이나 누나한테
는 주시니?"
"응, 나랑은 달라. 형과 누나들은 부모님의 사랑을 받고 자라는데 모
두 나에겐 무관심해. 모두가 말하듯이 나는 다리 밑에서 주워 온 아
이가 틀림없어."

이렇게 말하면서 집 나온 아이는 옛일이 생각나서 눈물을 쏟는데, '다리 밑에서 사는 아이'는 감정에 아무 변화도 없다. 집 나온 아이들이 하는 이런 전형적인 대답을 너무나 자주 들어왔기 때문이었다. 이 때 '다리 밑에서 사는 아이'는 이런 질문을 던진다.

"그런데 네 부모님은 자신들이 사랑을 쏟는 형과 누나가 이미 있는데도 왜 굳이 너를 다리 밑에서 데리고 왔을까?"

'다리 밑에서 사는 아이'가 집 나온 아이에게 이렇게 물어보면 모두 아무 대답도 하지 못하게 된다. 아이들이 자신들의 실수를 깨달은 것이다. 자신만 빼고 다른 형제들에게만 관심을 쏟는 부모님이었다면, 그들끼리 충분히 행복했다면 애초에 자신을 다리 밑에서 데리고 올 이유가 없었다.

'아빠 엄마가 나를 싫어하셨다면, 그래서 나 말고 다른 아이를 다리 밑에서 주워왔다면 그 아이에게 관심을 가지셨겠지. 그렇다면 나처럼 관심을 못 받는 아이가 아니라 오히려 사랑과 관심을 받는 형이나 누나가 다리 밑에서 주워 온 아이일 수는 있어도, 나는 다리 밑에서 주워 온 아이일 수 없어.'

이렇게 생각을 한 아이들은 다시 기차를 타고 집으로 돌아

나에게 증거인 것이
다른 사람에게는
반증이 될 수 있다.

갔다. '다리 밑에 사는 아이'는 이렇게 집 나온 아이들을 설득해 모두 집으로 돌아가게 만들었다.

그렇다면 왜 이 '다리 밑에 사는 아이'는 계속 다리 밑에 있으면서 집으로 돌아가지 않는 걸까? 이 아이는 자신이 다리 밑에서 주워 온 아이가 틀림없다고 생각했다. 부모님이 자신을 너무나도 사랑했기 때문이다. 보통 아이들은 이런 부모의 사랑을 받게 되면 자신이 다리 밑에서 주워 온 아이라는 생각은 하지 못하기 마련이지만, 이 아이는 달랐다. 부모님이 자신을 사랑한다는 바로 그 점이 자신이 다리 밑에서 주워 온 아이라는 증거라고 아이는 확신했다.

그래서 이 아이는 다리 밑에서 오랜 시간을 지내고 있는 유일한 아이가 됐다. 물론 이 아이의 부모는 아이가 돌아오길 간절히 기다리고 있지만, 이 아이는 자신이 속할 곳은 다리 밑이라고, 지금도 굳게 믿고 있다.

불행하다고 생각하는 사람에게 남의 행복이란 자신의 불행을 먹고 자라나는 것이다.

다리 밑에서 주워 온
강아지들

다리 밑에 강아지들이 모여 있었다. 강아지들은 대부분 귀여운 모습을 가지고 있었다. 그래서 사람들은 다리 밑에 모여 있는 귀여운 강아지를 집으로 데리고 가서 키우기 시작했다. 많은 강아지들이 다리 밑을 떠났지만 다리 밑의 강아지 수는 줄어들지 않았다. 다리 밑으로 찾아오는 강아지들이 끊이지 않았기 때문이다.

다리 밑으로 모여드는 강아지들은 대부분 가출한 강아지였다. 가출한 이유는 비슷했다. 집에서 자신들의 처지가 궁색하다고 느꼈기 때문이다. 강아지들은 사람과 같이 한집에서 지내면서 자신이 사람과 다르다고 생각해본 적이 없었다. 그것은 강아지의 착각이지만 문제가 강아지에게 있다고만 할 수는 없었다. 강아지들을 귀여워한 것은 사람들이다. 사람들이 귀여워하고 아끼는 것은 당연히 사람일 것이라고 강아지들은 생각했다. 그래서 강아지들은 자신이 사람이라고 생각했다.

강아지는 자신이 사람일 뿐 아니라 집에서 꽤 서열이 높은 사람이라고 생각했다. 강아지는 사실 늑대의 먼 후손이라서 서열에 대한 집착을 갖고 있다. 이 서열 본능에 따를 때 강아지는 자신이 차지하는 위치가 꽤 높다고 생각했다. 그렇지 않다면 집주인이 강아지를 그렇게 귀여워할 이유가 없었다. 그런 이유에서 강아지는 서열상 자신을 집주인 바로 다음으로 생각했다. 집주인이 자신을 가장 귀여워하기 때문이다.

집주인이 나가면 강아지는 자신이 가장 서열이 높다고 생각해 주인이 앉던 자리에 앉고, 주인이 누운 자리에 누웠다. 주인이 돌아오면 가장 먼저 뛰어나가 맞이하는 까닭도 바로 자신이 집안에서 두 번째 서열이기 때문이었다.

하지만 이런 강아지의 전성기는 대개 오래 가지 못했다. 집주인 이외의 다른 가족이 자신보다 서열이 낮다고 생각하는 강아지의 행실은 집주인 귀에 들어가기 마련이다.

집주인은 강아지를 엄격히 대하기로 결심한다. 현관문을 열었을 때 자신에게 달려오는 강아지는 무시하고 강아지에게 무시당하던 자신의 아들을 챙긴다. 강아지는 거듭되는 홀대와 홀대 끝에 자신의 서열이 지금껏 생각했던 것처럼 높지 않다는 것을 깨닫는다. 사실은 집에서 자신의 서열이 마지막이었던 것이다.

집안에서 버림받았다고 생각하는 강아지는 집을 나가기로 결심한다. 가출을 한 강아지는 어디로 갈까? 강아지는 자신이 홀대받는 이유가 자신이 입양되었기 때문이라고 믿는다.

'나는 다리 밑에서 주워 온 아이였던 거야.'

이런 생각에서 강아지들은 다리 밑을 찾아간다. 그곳에서 강아지들은 자신을 낳은 친부모가 자신을 찾아오지 않을까 기대하며 지나가는 사람들을 쳐다본다. '아마도 날 어디선가 잃어버리고 계속 찾고 있을 거야.' 자신을 낳아준 부모를 만날지 모른다는 기대감에 강아지의 꼬리는 좌우로 흔들린다.

강아지가 자신을 사람으로 여긴다는 이야기는 꽤 많이 퍼져 일종의 도시전설이 되었다. 정말로 강아지가 자신을 사람으로 생각한다면, 강아지에게 거울에 비친 자신의 모습은 풀 수 없는 수수께끼일 것이다. 그래서 다리 밑에 모인 강아지들은 서로를 보면서 외로움을 느꼈을 것이다.

★

'들개'는 있어도
'들강아지'는 없다.

원숭이는 소망한다,
소망을 소망하기를

영화 〈혹성탈출〉에서 우려하던 인간의 미래가 현실이 되었다. 인류는 몰락하고 원숭이가 지구에서 가장 강력하고 위험한 종이 된 것이다. 인류의 몰락이 급작스러웠던 만큼 새로운 세상도 급작스럽게 등장했다. 원숭이들은 빠른 시간 내에 문명을 세워야 했다. 인류의 몰락을 반면교사로 삼아서 원숭이들은 인류의 잘못은 피하고 인류가 잘한 점은 본받고자 했다.

다양한 욕망을 갖는 것은 인류에게서 배울 만한 점이라고 원숭이들은 생각했다. 마침 다양한 능력을 가진 원숭이들이 필요하기도 했다. 새로운 세상을 위해서는 과학자가 되고 싶은 원숭이도 필요했고, 농사를 짓고 싶은 원숭이도 필요했다. 다행스럽게도 원숭이들의 욕망은 다양했다. 문제는 어떻게 원숭이들의 다양한 욕망을 실현시켜줄 수 있는가 하는 점이었다.

　원숭이들은 학교 교육을 통해 전문가를 길러내는 체계 역시 인류에게서 배울 만한 점이라고 생각했다. 이제 원숭이들은 다양한 전문가를 양성하기 위해서 원숭이 학교를 세웠다. 원숭이 학교에 많은 원숭이들이 몰려들었다. 너무 많은 원숭이들이 교육 받기를 원하자 원숭이들은 이렇게 외칠 수밖에 없었다.

　　"모두 줄을 서라!"

원숭이들은 원숭이들이 갖고 있는 능력과 자질을 바탕으로 누가 더 훌륭한 전문가가 될 수 있는지를 따져서 적합한 원숭이를 선발할 필요가 있다고 생각했다. 그들은 인간들이 입학시험 제도를 갖고 있었던 점을 이해하고 인류로부터 입학시험을 치르는 방법을 배웠다. 입학시험은 학교에 입학하고자 하는 욕망을 가진 원숭이들을 합격한 원숭이와 불합격한 원숭이로 나눴다.

교육을 담당할 원숭이가 부족했으므로 합격한 원숭이보다 불합격한 원숭이들이 항상 많았다. 불합격한 원숭이들은 다시 입학시험을 보고 학교에 입학하겠다는 욕망을 갖고 있었다. 아직 입학시험을 보지 않은 원숭이들도 학교에 입학하고자 하는 욕망을 갖고 있었다. 학교에 들어오고자 하는 원숭이는 끝이 없는 것 같았고 학교에 들어올 수 있는 원숭이는 그에 비해 적었다. 학교에 들어오고자 하는 욕망을 실현하기 위해서 원숭이들은 입학시험에 합격할 수 있는 방법이 무엇인지 고민하기 시작했다.

"우리가 당신들의 욕망을 들어주겠습니다."

　　그때 그들을 도와주겠다는 원숭이들이 나타났다. 바로 학교에 입학해서 전문가 양성 교육을 받고 있던 원숭이들이었다. 이 원숭이들은 더 많은 원숭이들이 자신이 받은 교육을 받기를 욕망했다. 그들의 욕망은 잘 맞물리는 톱니바퀴처럼 상대방을 움직였다.
　　과학자가 되길 욕망하는 원숭이는 과학 전문가 교육을 받은 후, 과학자가 되길 욕망하는 다른 원숭이가 과학 전문가 교육를 받을 수 있도록 그들을 가르쳤다. 농사를 짓길 욕망하는 원숭이도, 은행가가 되길 욕망하는 원숭이도, 군인이 되길 욕망하는 원숭이도 사정은 같았다. 전문가 교육을 받으려는 원숭이는 항상 넘쳐났고 그런 교육을 받을 수 있는 학교에 들어갈 수 있는 원숭이는 항상 적었기 때문이다.

결국 전문가 양성 학교를 졸업한 원숭이들은 모두, 자신이 다녔던 학교로 들어오려는 원숭이를 가르치게 되었다. 전문가 양성 학교를 졸업한 원숭이들은 전문가가 되는 대신 전문가 양성 교육 전문가가 된 것이다. 원숭이들은 뭔가 잘못되었다고 생각하기 시작했다.

"왜 전문가 양성 교육을 하는데도 전문가가 나타나지 않는가?"

원숭이들은 자신들을 돌아보았다. 자신들의 욕망은 무엇인가? 어떤 원숭이는 과학자가 되고 싶었다. 어떤 원숭이는 공학자가 되고 싶었다. 어떤 원숭이는 금융업을 하고 싶었다. 하지만 무엇보다도 그들은 각자 되고 싶은 전문가를 양성하는 학교에 들어가고 싶었다. 그 욕망이 가장 크므로 그 욕망은 가장 강력하게 돌아가는 톱니바퀴가 되었다.

학교를 졸업한 원숭이들은 자신이 졸업한 학교에 입학하고자 하는 다른 많은 원숭이들이 갖고 있는 강력한 욕망의 톱니바퀴에 붙어서 돌아가는 작은 톱니바퀴였다. 하지만 톱니바퀴가 오랫동안 돌고 나서는 어떤 바퀴가 돌아서 어떤 바퀴가 따라 도는지 구분이 불분명해졌다. 어떻게 보면 학교에 입학하고자 하는 원숭이들의 욕망이 졸업한 원숭이들의 욕망을 부추기는 듯이 보이기도 했고, 어떻게 보면 그 반대처럼 보이기도 했다.

원숭이들은 혼란스러웠다. 원숭이들은 자신들의 욕망이 다양한 줄 알았다. 그러나 사실 그들의 욕망은 하나였다. 모든 원숭이들이 들어가길 원하는 학교에 들어가는 욕망이 가장 큰 욕망으로 하나 있고, 나머지 욕망들이 이 욕망을 만족하기 위해서 생겨났다.

인류 몰락 이후에 찾아온 원숭이 사회에서 시작된 전문가 양성 사업은 모든 원숭이를 전문가 양성 교육의 전문가로 만드

모든 사람들이 갖는 욕망이
꼭 나의 욕망일 필요는 없다.

는 데 성공했다.

———————✏———————

존 스튜어트 밀John Stuart Mil은 《자유론》에서 이렇게 말한다. "인간의
욕망이 너무 강해서 나쁜 결과를 낳는 것은 아니다. 그것보다는 양
심이 약한 것이 문제다." 사람들은 다양한 것을 하고 싶은 욕망을
실현하기 위해 각자 다양한 학원으로 몰려간다. 학원에서 인생의
가장 치열한 시간을 보낸 사람들은 그 기간을 교육의 절정이라고
생각하고, 원하던 학교에 입학하는 순간을 치열했던 교육의 종료
라고 생각한다. 그래서 다양한 욕망은 하나의 욕망으로 마감한다.

평범하게 비범한
인형의 꿈

경기도와 강원도 경계에 있는 주택단지 맨 끝자락에 자리 잡
은 집은 빽빽한 나무들에 둘러싸여 있다. 이층에는 이 집에 사
는 아이의 놀이방이 있다. 문을 열고 들어가면 인형이 놓여 있
는 선반이 가장 먼저 눈에 띈다. 맨 위 선반에는 '똑순이'라는
이름의 인형이 앉아 있다. 그 밑으로 두 개의 선반이 더 있는
데 선반 위에는 여러 종류의 동물 인형들이 각각 한 쌍을 이루
어 놓여 있다. 똑같이 생긴 강아지 두 마리, 똑같이 생긴 고양
이 두 마리, 똑같이 생긴 얼룩말 두 마리.

아이는 가끔씩 새로운 동물 인형 한 쌍을 방으로 가지고 와
서 놀다가 선반 위에 놓고 가곤 했다. 얼마 전에는 똑같이 생

긴 유니콘 인형 한 쌍이 들어왔다. 선반 맨 위에 앉아 있는 똑순이는 아래쪽 선반이 점점 채워지는 것을 지켜봐 왔다. 하지만 맨 위 선반에는 항상 똑순이뿐이었다.

인형 선반 옆에는 책상 하나가 벽을 향해 놓여 있었는데, 그 위에는 연필 여러 자루와 빈 도화지가 수북이 쌓여 있었다. 이 방의 주인인 아이는 방에 오면 인형과 놀거나 그림을 그리면서 시간을 보냈다. 아이는 건강이 좋지 않았고 주변에 친구들도 없었다. 아이의 부모는 아이의 건강을 위해 나무에 둘러싸인 이 집으로 이사를 왔다. 집안 벽면은 벽지 대신 편백나무로 마감되어 있어서 숲속에 있는 느낌이 났다.

매일 놀이방에 와서 오랫동안 혼자 놀곤 했던 아이가 놀이방에 오는 횟수는 점차 줄어들었다. 아마도 건강이 더 나빠졌을 수도 있다.

똑순이는 맨 위 선반에 앉아서 놀이방 문이 열리지 않을까 지켜보고 있다. 똑순이는 아이가 이 방에서 자신을 가장 좋아한다고 확신한다. 아이가 놀이방 문을 열고 들어오면 항상 먼저 자신을 선반에서 꺼내어 놀아주기 때문이다. 아이가 선반 맨 위에 자신을 놓은 것도 마찬가지다. 똑순이는 자신이 인형들의 서열에서 맨 앞에 있기 때문에 자신이 가장 높은 곳에 있어야 한다고 생각했다.

발 아래 있는 동물들은 모두 똑같아 보인다. 모두 동물이라는 점에서 똑같고, 강아지 두 마리는 서로 똑같이 생겼다는 점에서 똑같으며, 고양이도, 얼룩말도 모두 마찬가지다. 그들은 서로의 복제품이며, 누가 누구를 베꼈는지도 알 수 없는 것들이다. 똑순이는 그들과 별로 말을 하고 싶진 않았지만, 혼자 맨 위 선반에 있다 보니 심심함이 도가 지나쳐서 그들과 대화 끝에 논쟁을 벌이곤 했다.

"똑순아, 그 위에 혼자 있으니 심심하지 않아?"

이렇게 말을 거는 애는 귀여운 강아지인데, 똑순이는 강아지가 귀엽다고 생각하나 귀여워한 적은 없었다. 귀엽지만 귀여워해서 어쩌겠는가? 강아지는 아래 선반에 있는데. 강아지 두 마리는 서로 구별조차 되지 않는데.

똑순이는 발밑을 내려다보면서 말했다.

"심심하고 외롭지만 괜찮아. 나는 원래 단 하나만 있는 존재이니 외로운 건 당연해. 복제품인 너희들하고는 다르지. 너희는 서로 똑같이 생겨서 누가 누군지도 알 수 없잖아. 외롭다는 것은 '자아'라는 것이 있어야 하는 거야. 그런 점에서 너희는 외롭지도 심심하지도 않을 거야. 아니 외로울 수도 없고 심심할 수도 없다고 해야겠지."

"똑같다니? 그 위에서 네가 보기에 우리가 똑같이 보일지는 모르지만 그렇지 않아. 우리 눈에는 각자 다 생긴 게 다른 걸." 이렇게 항변하는 것은 두 마리 고양이 가운데 하나였다.

"너희들 눈에는 서로 달라 보일 수 있지. 그건 저기 책상 위에 있는 연필의 길이가 서로 다른 것과 마찬가지야. 조금 덜 쓴 연필이 있고, 좀 더 쓴 연필이 있지만, 그런다고 그 연필이 독특하고 유일한 무엇이 되는 것은 아니잖아? **모두 하나의 틀에서 찍혀 나온 것들이고 하나를 다 쓰면 다른 하나가 그 자리를 대신하는 구조라는 거지.** 연필이나 너희들이나 똑같이."

똑순이는 이 말이 그들에게 상처가 되리라고는 생각하지 못했다. 그들은 상처를 입을 수 있는 존재가 아니라고 생각하기 때문이다. 이 방의 주인인 아이가 들어와 연필로 그림을 그릴 때 필요한 도화지가 상처를 받을 수 있는 존재가 아니듯이.

이쯤 되면 똑순이와 동물들 사이를 이어줄 대화의 끈이라고 할 만한 것이 없어진다. 동물들끼리 이어지는 대화 소리가 방안을 채우고 그 소리를 들으며 똑순이는 방문을 뚫어져라 쳐다본다. 똑순이는 이 방 주인인 아이가 들어와서 자신을 선반에서 내려줄 것을 기대한다.

아이는 다른 동물들도 바닥에 내려놓을 것이다. 하지만 그 속에서 주인공은 자신이다. 똑순이는 아이의 손을 잡고 동물들 사이를 뛰어다닐 것이다. 똑순이는 강아지를 끌고 다니거나 고양이를 쓰다듬어 주거나 얼룩말 위에 올라탈 것이다. 어느 강아지인지, 어느 고양이인지, 어느 얼룩말인지는 중요하지 않다. 중요한 점은 아이의 손을 잡고 움직이는 존재가 똑순이라는 것이다.

자신은 아이와 마찬가지로 이 방에서 유일무이한 존재다. 유일무이한 존재여야 비로소 가능한 것이 진정한 대화다. 똑순이와 아이는 진정한 대화를 나눈다. 똑순이는 그 생각을 하면 가슴이 벅차오른다.

하지만 똑순이는 다시 아이와 만나지 못했다. 그날 아이는 건강이 급격히 나빠져서 응급차에 실려 갔고 그날 밤 병원에서 세상을 떠났다. 아이의 장례식이 끝난 다음, 부모는 집을 팔고 마을을 떠났다. 이사를 가는 날 부모는 놀이방에 있는 모든 물건을 고물상에게 넘겼다. 그는 놀이방에 있던 인형들을 상자에 담아서 시내에 있는 인형 가게에 되팔았다.

똑순이는 선반에서 내려와 상자 속으로 들어갔다. 상자 뚜껑이 닫히자 상자 안은 깜깜하고 답답했다. 똑순이는 자신이 다른 동물 인형들 위에 던져져 있다는 것을 알았다. 익숙한 얼룩말 냄새가 났다. 똑순이는 깜깜한 상자 안에서 놀이방 주인이었던 아이가 죽었다는 소식을 들었다. 상자 밖에서 아이의 짧은 생을 측은해하는 사람들의 이야기를 들은 것이다. 똑순이는 더 이상 아이를 볼 수 없다는 생각에 절망했다.

'더 이상의 희망이 있을까?' 자신과 진정한 대화를 할 수 있는 유일한 대상이 없어졌으므로, 똑순이는 자신도 그 아이처럼 사라지고 싶다는 생각을 했다. 하지만 똑순이가 할 수 있는 것은 없었다. 자신이 누렸던 최고의 자리에서 내려와 그저 복제품에 불과한 동물 인형들 위에 내동댕이쳐져 있을 뿐이었다.

상자 뚜껑이 열렸다. 똑순이는 동물 인형들과 함께 바닥으로 휩쓸려 던져졌다. 인형 가게 주인은 손을 빠르게 놀려서 인형들을 분류했다. 똑순이를 집어든 주인은 똑순이를 든 채로 가게 안 창고로 갔다. 그곳에서 똑순이는 벽면을 가득 채운 선반을 보았다. 주인은 똑순이를 가장 위에 있는 선반에 올려놓았다. 그곳에는 똑순이와 똑같이 생긴 인형들이 제멋대로 쌓여 있었다. 똑순이 옆에 똑순이, 그 위에 똑순이, 그리고 그 옆에도 똑순이가 있었다. 이 상황을 보고도 받아들이기 힘든 똑순이는 몸을 떨며 그저 멍하니 있을 뿐이었다. 옆에 있던 인형이 공포에 질린 똑순이를 보고 말을 했다.

"무서워하지 마. 여기는 우리밖에 없어. 넌 이름이 뭐니?"

"… 똑순이."

"그렇구나. 난 콩순이야. 반갑다 똑순아."

"콩순이라고? 그렇다면 여기 있는 아이들은 모두 다른 이름이 있다는 거야?"

"아마도. 주인이 불러주는 것이 자기 이름이라고 생각하니까."

"원래 이렇게 많았던 거야? 난 나처럼 생긴 존재는 이 세상에 나밖에 없는 줄 알았는데, 내가 이렇게 많았던 거야?"

"내가 많다니? 넌 똑순이고, 난 콩순이잖아. 너는 너고, 나는 나잖아."

"하지만 우리는 똑같잖아. 어느 쪽이 똑순이고 어느 쪽이 콩순인지 알 수도 없을 정도로 똑같은 걸. 우리는 그냥 복제품이었던 거야. 내

가 무시했던 다른 인형들과 똑같아. 우리도 그냥 복제품이고 어느

쪽이 어느 쪽을 베낀 것인지도 알 수 없는 그런 존재일 뿐이야. 우리

한테 나와 너를 구별하는 것이 의미가 있을까?"

"그게 슬프거나 화나는 일일까? 나와 똑같이 생긴 존재가 많다는

것이 슬픈 일일까? 우리 모두 복제품이라는 것이 화나는 일일까?

똑같이 생겼다고 해서 똑같은 존재는 아니야. 나는 콩순이고, 너는

똑순이. 이름부터 다른 걸."

똑순이는 콩순이의 말을 곱씹어 보았다. 콩순이 말대로 자

신처럼 생긴 존재가 많다는 것은 슬픈 일이 아니었다. 오히려

슬픈 것은 지금껏 자신만이 유일하다고 생각하며 외롭게 선

반 위에 있었던 시간이었다. 똑순이는 이제 외롭지 않았다. 똑

순이는 거대한 집합의 일원이었다. 그 점을 알게 되자 똑순이

는 지금까지 느끼지 못했던 평안함을 느꼈다.

─────────〰〰〰〰✏〰〰〰〰─────────

철학에서는 '같음' 또는 '동일성'을 두 가지로 나누는데, 하나는 '질

적 동일성qualitative identity'이라고 하고 다른 하나는 '수적 동일성numerical

identity'이라고 한다. 수도꼭지에서 물이 두 방울 떨어졌다면, 이 두

물방울은 질적으로 동일하지만 수적으로는 동일하지 않다. 두 개의 대상이 수적으로도 동일하지 않고 질적으로도 동일하지 않다면, 각각은 스스로를 독특하다고 여길 수 있다. 한 사람은 다른 사람과 수적으로도 질적으로도 구별된다. 하지만 그렇다고 해서 그 사람이 다른 사람과 구별되는 독특함을 지녔다고 말할 수는 없다. 영화 〈토이스토리〉를 보면서 '영화 속 장난감들은 자신이 장난감이라는 것을 어떻게 알게 되었을까?' 궁금해한 적이 있다. 자신이 장난감이라는 것을 알고 있는 주인공 우디는 자신과 질적으로 동일한 인형들이 여럿 있다는 것도 알았을 것이다. 그러면서도 우디는 자신이 대체물이라고 생각하지 않았다. 그 점이 우디의 놀라운 점이 아닐까?

나는 다른 사람과 비슷하다.
그 때문에 나는 독특하다.

나에게 액셀을
힘껏 밟아

차에 타고 시동을 걸어.

내 앞으로는 앞을 보는 유리창, 그리고 뒷거울 한 개가 보일
거고, 양쪽으로는 뒷거울 두 개가 보이지?

계속 앞으로 가.

앞 유리창으로 사람들 뒷모습이 보이지? 그 중에 나를 닮은
사람들이 있을 거야.

바로 미래의 나야. 미래의 나니까 길을 모르겠으면 그에게 길
을 물어봐도 돼.

미래의 나니까 편하게 대해. 그건 나야.

미래의 내가 가리키는 길대로 갈 필요 없어. 물어봤다고 해서 꼭 말을 들을 필요는 없어.

미래의 나는 내가 몰고 가는 차를 막아서기도 해. 그때는 그냥 지그시 액셀러레이터를 밟아서 미래의 나를 밟고 넘어가.

자동차 바퀴가 미래의 나를 다 타고 넘을 때까지 그냥 밟아.

걱정하지 마. 내가 자동차로 들이박고 바퀴로 타고 넘은 미래의 내가 피를 흘리고 살이 찢기고 길바닥에 나뒹굴까봐 걱정되지? 걱정하지 마.

이제 뒷거울을 봐.

사람들의 앞모습이 보이지? 그 중에 나 닮은 사람들도 있지?

바로 과거의 나야. 내가 자동차로 들이박고 바퀴로 타고 넘은 것들인데, 어때? 멀쩡하지? 멀쩡한 정도가 아니라 웃으면서 나에게 손짓하며 인사하잖아.

뒷거울에 등장하는 나는 항상 나보다 젊고 대체로 행복하지.

피를 흘리는 법도 없어.

그러니까 미래의 나를 들이박고 바퀴로 타고 넘는다고 걱정할 필요 없어.

이 자동차에는 나 말고는 그 누구도 탈 수 없어.

인생은 뒤돌아볼 때
비로소 이해되지만
우리는 앞을 향해
살아가야 하는 존재다.

_키르케고르

이제 음악을 들어보자. 라디오 소리를 가장 크게 키워. 신나면 따라 불러. 어차피 나 말고는 아무도 듣지 않아.

음악에 맞춰 자동차의 속력을 더 높여.

앞에 걸어가는 미래의 나를 뒤에서 밀어붙여.

뒷거울로 보면 쓰러진 미래의 나는 웃으면서 나에게 손짓을 하겠지.

액셀러레이터에 올린 발바닥에 더 힘을 줘. 어차피 앞은 항상 어두워 길도 잘 보이지 않아. 와서 부딪히는 미래의 나는 걱정하지 말고.

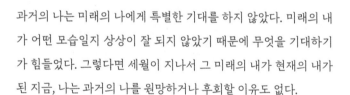

과거의 나는 미래의 나에게 특별한 기대를 하지 않았다. 미래의 내가 어떤 모습일지 상상이 잘 되지 않았기 때문에 무엇을 기대하기가 힘들었다. 그렇다면 세월이 지나서 그 미래의 내가 현재의 내가 된 지금, 나는 과거의 나를 원망하거나 후회할 이유도 없다.

2부

정글을 지나가는 달

호지

얼

유행에 민감한 늙은 고양이

어른 지수가 높은 아기곰

체 게바라 사과와
히틀러 파인애플

김 교수는 '식물정치학'이라는 융합 성격의 학문을 창시했다고 주장한다. 그의 말에 따르면 식물정치학이란 정치 상황을 식물에 빗댄 풍자가 아니라, 말 그대로 식물들의 정치를 다루는 학문이다. 김 교수의 식물정치학에서 가장 중요한 식물은 과일이다. 그는 과일이 정치 성향을 갖고 있다고 생각한다.

"생각해 보세요. 식물이 열매를 맺기 위해서 얼마나 노력합니까. 곧 사라져 버릴 태양빛의 에너지를 가둬 이를 먹음직한 과일로 만들어 내기 위해서 식물은 여름 내내 땡볕에 서 있어야 합니다. 그렇게 고생해서 만들어낸 과일은 인간에게 너무나 달콤합니다. 인간에게 날

름 먹히기 위해서 식물이 과일을 그렇게 고생해서 만들지는 않았을 겁니다. 도대체 왜 과일은 그런 무모한 일을 하고 있을까요?"

김 교수가 보기에 더 기이한 점은 과일의 모습이 너무 다양하다는 것이다. 어떤 과일은 최소한의 자기 방어 수단도 없다. 과육을 지키기 위해서 단단한 껍데기로 자신을 보호하는 과일이 있는 반면, 아주 얇은 껍질만으로 간신히 과육을 보호하고 있는 과일도 있다. 딸기는 아예 과육을 그대로 드러내 놓고 있어서 빗물에 씻긴 딸기는 껍질을 벗기는 수고도 없이 통째로 삼킬 수 있다. 반면에 파인애플의 과육을 맛보는 일은 간단치 않다. 맨손으로 파인애플 껍데기를 벗기는 일은 불가능에 가깝다.

김 교수는 이런 차이가 식물들이 열매를 바라보는 관점, 일명 '열매관'이 다른 데서 생겨난다고 주장한다. 그가 '좌파'라고 규정하는 열매관은 자기 보호를 위해서 노력하지 말고 차라리 먹히는 전략을 취한다. 반면 그가 '우파'라고 규정하는 열매관은 자기 방어를 열심히 해 이를 통해서 더 많은 개체가 살아남는 전략을 취한다.

"좌파의 극단에 딸기가 있습니다. 블랙베리, 라즈베리도 모두 극단적 좌파에 속하죠. 이보다 완화된 좌파, 또는 중도 좌파로 포도를 들수 있습니다. 한편 우파의 극단에는 두리안과 파인애플, 또 수박 같은 과일이 있는데, 이중에서도 코코넛은 우파의 왕입니다. 단지 껍데기가 두꺼운 정도가 아니라 사람의 손만 가지고는 벗겨낼 수조차 없거든요."

김교수는 좌파 과일과 우파 과일 사이에 위치하는 중도 과일로 바나나를 들고 있다. 껍질은 있지만 원한다면 손쉽게 손으로 껍질을 벗길 수 있기 때문이다.

"사과는 배보다 좌파라고 할 수 있습니다. 사과는 껍질째 먹기도 하지만 배를 껍질째 먹는 사람은 드물죠. 특이한 과일은 토마토입니다. 과일인지 채소인지를 두고 논란이 있어서 그런 것만은 아닙니다. 토마토는 껍질이 있긴 한데 매우 벗기기 힘들죠. 그런 점에서 극단적 좌파에 속한다고 할 수 있죠. 하지만 껍질이 없는 것은 아니고 벗길 수도 있습니다. 끓는 물에 토마토를 대쳤다가 꺼내면 껍질을 벗길 수가 있어요. 그런 점에서 토마토는 한마디로 정의하기 어려운 정치적 성향을 보입니다."

최근 김 교수는 육종학의 대가인 육 교수와 협업을 통해서

정글을 지나가는 법

모든 이분법은
머릿속에서만 존재한다.

식물정치학에서 정치 실험을 하고 있다. 이 둘은 좌파 계열의 식물에 단단한 껍데기를 입히거나 반대로 우파 계열의 식물에서 껍질을 없애는 등 좌파와 우파의 경계를 허무는 과일을 만들어내기 위해 노력하고 있다.

최근 이 두 사람은 껍질 없이 빨간 과육을 그대로 드러내는 수박을 재배하는 데 성공했다. 또한 육 교수는 호두처럼 껍데기를 깨야 먹을 수 있는 포도 품종을 개발 중이다. 육 교수는 이를 통해서 다양한 과일이 생겨날 것으로 기대하고 있지만 김 교수는 좌파와 우파라는 기준이 결국 인간이 만들어낸 기준일 뿐, 언제든 바뀔 수 있다는 점을 이 실험을 통해 깨달을 수 있다고 역설한다.

과일은 껍질의 두께뿐 아니라 색깔도 다양하고 맛도 다양하다. 그래서 굳이 껍질 두께를 기준으로 일렬로 세울 필요가 없다. 정치적 좌파성과 우파성은 과일 껍질처럼 간단히 측정할 수 없다. 얼마나 얇아야 좌파이고 얼마나 두꺼워야 우파일까? 그런데도 사람들은 좌파성과 우파성이 과일 껍질의 두께보다도 더 쉽게 구별할 수 있는 것처럼 말한다.

당신의 어른 지수는
몇 점입니까?

'어른 지수'라는 개념을 제시한 학자가 있었다. 물리적 나이를 대체해 사람의 '어른됨'을 측정하도록 고안된 개념이다. 사회에서는 18세에서 20세 정도가 된 사람을 '성인' 즉 '어른'으로 규정하지만, 나이가 꼭 그 사람의 어른됨을 보여주지는 않는다. '어른 지수'라는 개념은 어른다운 사람을 '어른'으로 규정하자는 생각에서 제안되었다.

　그런데 문제는 '어른답다'는 것의 기준을 어디에 둘지 하는 점이다. 이 개념을 제안한 학자는 특정한 능력을 갖고 있는지 여부에 따라 '어른 지수'를 정하는데, 그 중 몇 가지를 예시하면 다음과 같다.

- 알약을 물 한 모금에 삼킬 수 있다. ☐

- 성냥을 켜서 불을 붙일 수 있다. ☐

- 라이터를 켤 수 있다. ☐

- 모닥불을 지필 수 있다. ☐

- 유리병 마개를 혼자 힘으로 열 수 있다. ☐

- 김치를 물에 씻지 않고 먹을 수 있다. ☐

- 얼굴 전체에 비누칠을 할 수 있다. ☐

- 밤에 불을 켜지 않은 채 혼자 잘 수 있다. ☐

- 포도를 먹으면서 혀로 씨를 발라낼 수 있다. ☐

- 초콜릿을 손에 든 채 안 먹고 한 시간을 버틸 수 있다. ☐

- 손톱과 발톱을 스스로 깎을 수 있다. ☐

- 운동화 끈을 꽉 맬 수 있다. ☐

- 온탕에 들어가서 십 분 동안 버틸 수 있다. ☐

- 한 시간 동안 아무 말 없이 지하철 의자에 앉아 있을 수 있다. ☐

    '어른 지수'를 제안하고 연구한 학자는 백여 명의 사람들을 상대로 어른 지수를 측정했다고 한다. 연구 대상이 된 사람들의 나이는 5세부터 60세까지 다양했는데, 연령으로 어린이 사람들은 대개 '어른 지수'에서도 '어른'인 것으로 나타났지만, 둘이 맞지 않는 경우도 여럿 있었다.

나이가 45세인 여성(가명 김나나)과 여덟 살인 남성(가명 박수철)은 그 상징적인 사례다. 김나나는 어른 지수 상으로는 8세에 해당했고, 박수철은 45세로 측정되었다. 나이로 보면 김나나는 박수철보다 한 세대 전 사람이지만, 어른 지수 상으로는 그 반대였던 것이다. 박수철은 나이는 어리지만 어른 지수는 높은 사람, 즉 '조숙자'였고, 김나나는 그 반대인 사람, 즉 '미숙자'였다. 연구팀은 어른 지수에 관한 후속 연구를 해 나갔다. 이에 따르면 조숙자와 미숙자는 전체 인구에서 각각 10퍼센트 정도를 차지하는데, 점차 그 비중이 늘어가는 추세라고 한다.

≈

어른답지 못한 어른이 너무 많다는 이야기를 어른들이 많이 하던 때였다. 어른답지 못한 어른은 사회에서 중요한 일을 하는 역할을 맡지 못하게 해야 한다고 주장하는 어른들이 많았다. 서로를 향해 '미숙자'라고 부르는 어른들도 많았다.

어른들은 어른 지수 연구 결과를 이용해서 누가 어른답지 못한 어른인지를 가리고 싶어 했다. 공직자 면접 과정에서 어른 지수를 요구하는 경우도 많아졌다. 자신의 어른 지수가 낮게 나온 사람들은 불만을 터뜨렸다. 그들은 자신이 충분히 어

아이다움을 잃어야
어른이 되는 것은 아니다.

른스럽다고 주장했다.

"저는 오래 전부터 뜨거운 것을 잘 먹었습니다. 저는 절대로 미숙자가 아니에요."

"저는 혀로 포도 씨를 쉽게 발라낼 뿐 아니라 포도껍질 속에 씨를 넣을 수도 있습니다. 저를 미숙자로 보는 것은 저를 완전히 잘못 보는 겁니다."

하지만 이런 항변은 대개 그들이 미숙자라는 믿음을 더욱 굳게 만들었다. 조숙자 박수철은 이렇게 말한다.

"뜨거운 것을 잘 먹는다고 어른이 되는 건 아니잖아요. 알약을 잘 삼킨다고 해서 어른이 되는 것도 아니죠. 어른이 되면 그런 것들을 잘하지만 말이죠. 어른답지 못하다고 지적하는 사람에게 그렇지 않다고 반발하는 것 자체가 어른답지 못하네요."

아이다움을 간직한 어른은 되고 싶지만 어른답지 못한 어른이 되고 싶지는 않다.

마음 속
티끌 빼기

슬픈 이야기를 지어내는 데 탁월한 사람이 있었다. 그는 자신에게 이런 능력이 있다는 것을 알지 못했다고 한다. 그가 슬픈 이야기를 지어내기 시작한 계기는 다음과 같다.

어느 날 그는 산길을 걷고 있었다. 바람이 불어서 눈에 티끌이 들어갔다. 산행 중이라 딱히 티끌을 뺄 수 있는 방법이 없어서 그는 눈을 껌뻑이며 한참을 걸어갔다고 한다. 그러다가 눈물을 흘리면 티끌이 빠질 것 같았는데, 문제는 눈을 껌뻑이는 정

도로는 눈물이 나지 않는다는 것이었다. 그래서 그는 슬픈 이야기를 생각했다. 그는 자신이 겪었던 슬펐던 일을 가능한 더 슬프게 꾸며서 자신에게 들려줬다. 그 이야기를 마음속으로 듣다 보니 어느새 그의 눈에서는 눈물이 흘러내렸다.

자신이 만든 슬픈 이야기에 눈물이 쏟아지자 그는 기뻤다. 그가 기쁨을 느끼자마자 눈물이 멈췄다. 눈물이 마르자 그는 티끌이 여전히 빠져나오지 않았다는 것을 알았다. 다시 눈물을 계속 흘릴 필요가 있었던 그는 다시 슬픈 이야기를 만들기 시작했다. 그리고 슬픈 이야기에 눈물을 흘리면서도 이에 기뻐하지 않고 계속해서 슬픈 이야기를 이어나갔다고 한다. 그러면서 그는 자신에게 슬픈 이야기를 지어내는 데 탁월한 능력이 있다는 것을 알았다.

≈

그는 현재 방송 드라마 작가로 활약하고 있다. 그가 시나리오를 쓴 드라마를 본 사람들은 눈물을 쏟아냈다. 그가 처음으로 쓴 드라마는 방송을 타자마자 높은 시청률을 기록했다. 시청률이 높다는 소식을 접한 그는 매우 기뻐했다고 한다. 그런데 그가 기쁨을 느끼자마자 그의 드라마는 더 이상 슬퍼지지 않왔다. 그 이후 그는 시청률을 보지 않는다. 그는 오직 슬픈 드라마를 쓰는 데에만 집중하면서 눈물을 흘리며 글을 쓴다. 이제 더 이상 티끌로 고생하는 일은 없다고 한다.

─────────────── ✎ ───────────────

'왜 사람들은 슬픈 이야기를 찾아 듣고자 할까?' 기원전 4세기 그리스에 살았던 아리스토텔레스도, 18세기 영국에 살았던 흄도 궁금해했던 물음이다. 문제는 슬픈 이야기를 듣고 같이 슬퍼하는 것이 아니라 슬퍼하는 것을 즐거워한다는 것이다. '나를 슬프게 만들어줘! 그래야 나는 즐거워!' 슬픈 영화를 만드는 사람들은 이런 요구에 부응하는 것을 기쁨으로 삼으며 살고 있다.

★

**기쁨의 눈물은
마음 속 티끌을 빼낸다.**

인생은 김빠진 맥주로
만들어진다

트로이 전쟁에 대해 이야기하는 사람이 있다. 이야기가 무르익었을 때, 아킬레스와 싸우기 위해서 헥토르가 트로이 성문을 나서다가 계단에서 발을 헛디뎌 자신의 칼에 찔려 죽었다고 말한다면, 이를 두고 김샜다고 할 수 있을까?

이야기를 하는 사람은 이야기에 흥을 더하고 사람들의 눈과 귀를 잡아끌어야 한다. 하지만 제대로 된 싸움을 벌이지 못하고 헥토르가 자신의 실수로 자신의 칼에 죽는다면 이야기의 압력은 새어버리고 사람들은 이야기에서 눈과 귀를 뗀다. 어차피 헥토르는 아킬레스 손에 죽게 된다는 것을 안다고 하더라도 말이다.

사람들은
자신의 인생이
아름다운 이야기이길
원한다.

헥토르는 아킬레스와 싸우다가 죽어야 한다. 그렇게 해야 김빠진 이야기가 되지 않는다.

≋

다음날 사행 집행을 당하게 될 사형수가 오늘 독살 당했다면 우리는 이를 어떻게 받아들여야 할까? 김빠진 이야기라고 생각하지 않을까? 하지만 사형수를 원수로 생각한 사람은 그를 죽일 생각으로 오랜 시간을 버텨왔다. 벼르고 벼른 끝에 그는 사형수의 마지막 저녁식사에 몰래 독을 탈 수 있었다.

사형수는 어차피 내일 죽을 것이고, 이 저녁식사를 먹고 인생의 마지막 밤을 보내기로 되어 있다. 사형수를 독살한 사람도 이를 알고 있지만 지금까지 그를 죽이고자 했던 자신의 노력이 열매를 맺길 원했다. 사형수가 다음날 사행 집행을 당한다면, 이 얼마나 김새는 일인가? 사형수를 독살한 사람은 그렇게 생각했다. 그에게 필요한 것은 김빠진 이야기가 되더라도 자신의 노력이 물거품이 되지 않는 것이다.

사형수를 독살한 사람은 사형수를 독살한 죄로 체포되었다. 그는 감방에서 많은 시간을 보냈다. 사람들은 그가 감방에서 보낸 시간이 헛되다고 생각했다. 말하자면, 그 시간은 그의 인생에서 김빠진 맥주와 같은 시간이었다.

───────〰〰〰〰〰〰〰〰〰〰〰✏〰〰〰〰〰〰〰〰〰〰〰───────

사람들이 김빠진 이야기를 싫어하는 까닭은 각자의 인생이 이야기 같지 않기 때문이다. 대부분의 인생은 드라마와는 다르게 삶의 대부분이 김새는 일들로 이루어져 있다.

사물의
얼굴

숲에 쓰러진 나무가 있다. 나무는 톱으로 잘려서 그루터기를 남기고 쓰러진 것이 아니라 뿌리째 뽑혀 쓰러져 있다. 뿌리에 난 잔뿌리가 말라버리고 나면 뿌리에는 나무의 얼굴이 나타난다. 뿌리를 땅에 박고 서 있을 때에는 누구도 이 나무의 얼굴을 볼 수 없었다. 나무가 쓰러지고 뿌리에서 드러난 나무의 얼굴은 고통에 눈을 감고 있고 잠들 듯 죽어 있다.

　모든 생명체는 얼굴을 갖고 있을까? 모든 사물은 얼굴을 갖고 있을까? 처음 만난 사람과 우리는 얼굴을 마주한다. 얼굴을 마주하지 않고 만났다고 할 수는 없다. 얼굴을 갖고 있는 것에게는 다가가야 하는 법이 정해져 있다.

집에 다가가는 법도 정해져 있다. 대문을 지나 현관을 거쳐서 집에 다가가야 하지 뒤뜰을 가로지르고 창문을 넘어 집에 들어가는 것은 집에 다가가는 법이 아니다.

집에 들어가서 의자에 앉을 때에도 의자에 다가가는 법이 있다. 의자 위에 앉아야지, 의자 밑에 눕는 것은 의자에 다가가는 법이 아니다. 텔레비전에 다가가는 법도 있다. 검은 화면을 보아야지 전선이 나와 있는 뒷면을 보는 것은 텔레비전에 다가가는 법이 아니다.

산에 오르는 길은 여럿이 있을 수 있지만 산이 모든 방향에서 잘생겨 보이는 것은 아니다. 산이 잘생겨 보이는 곳에 서면 산의 얼굴이 보인다. 산과 인터페이스interface를 하면 산의 눈이 보이고 꽉 다문 입술도 보인다. 산에는 얼굴을 파묻고 있는 나무들이 많다. 나무는 우리와 얼굴을 마주하며 만나지 않는다. 나무는 얼굴을 땅 속에 파묻고 비밀을 하나둘씩 나이테에 쌓아둔다. 숲 속은 얼굴 없는 것들로 가득하다.

딸과 함께 숲길을 걷다가 쓰러진 큰 나무를 보았다. 드러난 뿌리는 나무의 얼굴과 같아 보였다. 땅과 깊은 대화를 나누던 나무는 이제

대화를 거두고 영면한 듯 잠잠했다. 우리는 나무의 얼굴을 사진에
담았다.

★

얼굴은 여러 곳에 있다.
'손목'이 있으니
손도 일종의 얼굴이다.

이미 끝난 비극을
기도하는 사람들

평화롭던 마을에서 청년 한 명이 실종되었다. 마을 사람들은 이틀 동안 청년을 찾아다녔지만 행방을 찾지 못했다. 경찰이 나서 마을 주변의 산과 들을 수색하기 시작했다. 헬리콥터가 날아다니고 경찰견이 산속을 뛰어다녔다. 마을 사람들은 마을 광장에 모여 청년에 관한 소식을 기다렸다.

불행하게도 그들에게 날아든 것은 슬픈 소식이었다. 청년은 마을에서 멀리 떨어진 숲속에서 죽은 채로 발견되었다. 하지만 경찰은 청년이 왜 죽었는지에 대해서는 아직 조사 중이라면서 정확히 밝히지 않았다. 사람들에게 알려진 사실은 그 청년이 스스로 목숨을 끊었든가, 누군가에게 살해를 당했든가

둘 중 하나라는 것이었다.

마을 사람들은 청년이 죽었다는 사실에 슬퍼했다. 청년은 성실하고 겸손해 마을 사람 모두가 좋아했다. 아름다운 청년의 죽음은 마을 사람들을 한자리에 모이게 했고 기도하게 했다. 마을 사람들은 왜 그 먼 숲에서 청년이 죽은 채로 발견되었는지 의아해하면서 그가 누군가에 의해서 살해당하지 않았기를 기도했다.

≋

청년이 주검으로 발견되었다는 것이 알려진 이상 그가 타살로 목숨을 잃은 것이 아니었으면 하는 마을 사람들의 바람은 어찌 보면 충분히 수긍할 만한 반응이었다. 그래서 마을 사람들 가운데 몇몇은 경찰 조사 결과가 청년이 타살된 것이 아니라고 나오길 기도했고, 광장에 모인 사람들에게도 그렇게 기도하자고 권했다.

이에 대해 이런 제안이 부적절하다고 목소리를 높인 사람들이 있었다. 그들은 이미 청년이 목숨을 잃은 이상 그가 어떻게 죽었는지를 두고 기도를 하는 것은 잘못이라고 했다. 또 어떤 사람들은 이렇게 말했다. 이미 비극은 발생했고 이를 되돌

기도는 부질없는 기대를
희망으로 바꾸는 신비한 힘을 지녔다.

릴 방법은 없다. 만약 청년이 타살을 당한 것이라면 이는 되돌릴 수 없는 일이고, 스스로 목숨을 끊은 것 또한 역시 되돌릴 수 없는 일이다. 우리가 기도로 이 청년을 더 나은 상태로 만들 수는 없다. 따라서 기도를 한다면 그것은 오직 살아남은 마을 사람들과 미래를 위한 것일 뿐이다.

하지만 그러면서도 마을 사람들 가운데 또 다른 일부는 청년이 누군가에 의해서 살해를 당했기보다는 차라리 자살을 한 것으로 밝혀지는 쪽이 더 낫다고 마음속으로 생각했다. 살인을 저지른 자가 앞으로 마을에서 다시 살인을 저지를 수도 있기 때문에 그렇게 생각한 것은 아니었다. 살인을 저지른 사람이 스스로 목숨을 끊었다거나 체포되었다는 것이 알려진다고 해도 마을 사람들은 청년이 살해를 당하는 쪽보다는 차라리 자살로 생을 마감한 것이 더 낫다고 생각할 것이기 때문이다.

그런데 마을 사람들은 왜 그렇게 생각하는 걸까?

철학자 더밋^{Michael Dummett}은 사자 사냥에 관해 이야기한 적이 있다. 한 부족의 젊은이들이 성인이 되었다는 것을 증명하기 위해서 사자 사냥을 떠난다. 그들은 사자 사냥에서 자신의 용맹함을 동행한 증인에게 보여야 한다. 사자 사냥은 딱 7일이 걸리는데 사자 사냥 장소로 가는 데 3일, 사자 사냥에 1일, 다시 마을로 돌아오는 데 3일이 필요하다. 마을 젊은이들이 사자 사냥을 가 있는 동안 부족장은 마을 마당에서 젊은이들이 모두 용맹하게 사자와 싸워주기를 기도하는 의식을 치른다. 기도는 젊은이들이 사자 사냥을 떠나는 날부터 돌아오는 날까지 내내 이어진다. 더밋은 이렇게 묻는다. 사자 사냥이 끝나서 돌아오고 있는 3일 동안에도 왜 부족장은 기도를 하는 것일까? 이미 사냥은 끝났는데 말이다.

꿈을 파는 사람과
꿈을 주는 사람

남들보다 자주 꿈을 꾸는 여성이 있었다. 자주 꿈을 꾸기도 하지만 그는 자신이 꾼 꿈을 남들보다 잘 기억하는 편이었다. 그는 자신의 꿈을 태몽으로 팔았다. 매일 아침 그는 산부인과 대기실에서 자신이 꾼 꿈을 팔아야 할 임산부를 찾았다.

"제가 어젯밤 당신 뱃속에 있는 아이의 태몽을 꾸었습니다. 이 태몽을 사시겠어요?"

여성의 꿈은 너무나 생생하고 아름다웠다. 그가 말하는 꿈을 들으면서 태아를 생각하면 그의 꿈이 곧 태어날 아이의 미래를 보여주는 것 같았다. 많은 임산부들은 여인의 꿈을 샀고 여인의 꿈은 날개 돋친 듯이 팔려나갔다.

그의 태몽 사업이 성황이라서 의문을 제기하는 사람은 별로 없었지만, 간혹 임산부 중에는 이런 물음을 던지는 사람도 있었다.

"그 꿈이 제 아이의 태몽이라는 것을 어떻게 알지요?"

그는 이렇게 말했다. "저도 꿈을 꾼 다음날에는 그것이 누구의 꿈인지 알지 못합니다. 그런데 꿈 주인을 보는 순간 모든 것이 명확해지죠. 며칠 전 꿈속에서 커다란 복숭아가 강 위를 떠 가는 것을 보았어요. 물살이 거세서 아무도 복숭아를 건질 생각을 못하고 있는데 제가 강으로 들어가 복숭아를 건졌어요. 복숭아는 수박 정도로 컸고 스스로 빛을 내고 있었죠. 그 모습이 신기해서 복숭아를 보고 있는데 한 여성분이 뛰어와서 그 복숭아가 자기 것이니 돌려달라고 하더군요. 저는 희귀한 복숭아라서 돌려주기가 싫었어요. 그 사람 것인지 알 수가 없기도 하고요. 그렇게 고민을 하다가 꿈에서 깨어났습니다. 그런데 다음날 한 여성이 저를 찾아왔어요. 저는 얼굴을 보고 단박에 그가 꿈속의 그 사람이라는 것을 알 수 있었습니다."

누구나 철학자가 되는 밤

154

"그래서 태몽을 팔았나요?"

"물론이죠. 복숭아 꿈은 그의 태아를 위해 제가 대신 꾼 꿈입니다. 그는 건강한 딸아이를 낳았죠. 복숭아 같이 피부가 고운 아이랍니다. 그는 이 아이가 장차 훌륭한 사람이 될 것이라고 확신하고 있죠. 저는 그런 꿈을 주는 사람입니다."

≋

남들보다 자주 꿈을 꾸는 그에게 꿈을 사려는 사람들이 많아졌다. 그는 태몽을 팔았고, 그것을 통해서 장차 아이를 가질 사람들에게 꿈을 주었다.

하루는 두 사람이 동시에 그에게 꿈을 사겠다고 다퉜다. 그들은 자신들 중에서 누가 꿈의 주인공인지를 물었다.

"어제 꾼 꿈에서도 당신들 두 사람이 서로 다투었어요. 그래서 저는 두 사람 중에서 더 많은 돈을 내는 사람에게 제가 얻게 된 큰 모자를 주겠다고 했지요."

그러자 두 사람은 누가 더 많은 돈을 냈느냐고 물었다.

"마침 그때 꿈에서 깨어나는 바람에 누가 돈을 더 많이 냈는지는 보지 못했어요. 얼마나 내실지 각자 말씀해 보시고 더, 많이 내는 분께 저의 귀한 꿈을 팔도록 하지요."

철학자 로크는 사후세계에서 어떤 영혼이 자신의 것인지를 어떻게 알 수 있는지에 대해 고민했다. 어떤 사람이 무슨 꿈을 꾸었는지를 꿈 밖에 있는 사람이 볼 수 있다면, 우리는 그 꿈에 자신이 등장한다는 것을 알 수 있을까? 그저 나랑 닮은 사람이 아니라고 확신할 수 있을까?

꿈을 파는 것만으로는
꿈을 줄 수 없다.
파는 꿈은
꿈을 꾼 자의 것이기 때문이다.

행복이 사라질 때
행복은 완성된다

불행한 사람의 이야기를 그 누구보다도 더 많이 알고 있는 사람이 있었다. 그는 먼 곳까지 불행한 사람을 찾아가 그 사연을 들었다. 불행한 사람이 자신의 이야기를 들려주면 그는 그 보답으로 그보다 더 불행한 사람의 이야기를 해줬다.

"그렇군요. 나보다 더 불행한 사람이 있었군요."

자신보다 더 불행한 사람의 이야기를 듣고 난 불행한 사람은 조금의 위안을 찾고 행복해했다. 작으나마 위안을 찾고자 하는 사람들이 자신보다 더 불행한 사람의 이야기를 듣고자 그에게 몰려들었다. 그는 이제 세상의 모든 불행한 이야기를 들었다. 이제 더 이상 들을 이야기가 없어지자 그는 매우 불행해졌다. 그는 자신이 불행해진 이야기보다 더 불행한 이야기를 생각해 보았지만 떠오르지 않았다. 그는 더 불행해졌다.

그런 그에게 행복한 사람의 이야기를 모으는 여성에 대한 소식이 들려왔다. 그는 행복한 사람을 찾아가 행복한 이야기를 듣는다고 한다. 행복한 이야기를 들려준 보답으로 그는 그보다 조금 더 행복한 사람의 이야기를 해준다.

"나보다 더 행복한 사람이 있네요."

자신보다 더 행복한 사람의 이야기를 들은 사람이 더 행복해지길 바랐지만 그러지 못했다. 그래서 그들은 불행해졌다. 불행해지길 싫어한 행복한 사람들은 그를 떠났다.

"나보다 더 행복한 사람의 이야기는 나에게 하지 마세요."

그는 모든 행복한 이야기를 알게 되었다. 하지만 자신이 알고 있는 행복한 이야기를 들어줄 행복한 사람은 없었다. 그는 남들의 행복한 이야기를 자신에게 해줬다.

'모두 나보다 다 행복하구나.'

그는 자신보다 더 행복한 사람들의 이야기를 들으며 불행해했다.

어느 날 그에게 불행한 사람들의 이야기를 모두 아는 사람이 찾아왔다. 그리고 두 사람은 서로에게 자신이 아는 모든 이야기를 차례로 들려주었다.

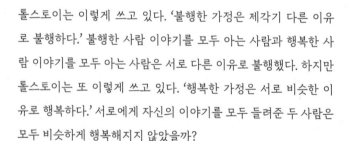

톨스토이는 이렇게 쓰고 있다. '불행한 가정은 제각기 다른 이유로 불행하다.' 불행한 사람 이야기를 모두 아는 사람과 행복한 사람 이야기를 모두 아는 사람은 서로 다른 이유로 불행했다. 하지만 톨스토이는 또 이렇게 쓰고 있다. '행복한 가정은 서로 비슷한 이유로 행복하다.' 서로에게 자신의 이야기를 모두 들려준 두 사람은 모두 비슷하게 행복해지지 않았을까?

누구나 철학자가 되는 밤

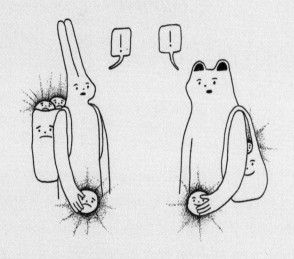

더 행복해지길 바라지 않는 사람이
행복한 사람이다.

거울 앞에서 나에게
가위바위보

내비게이션은 자동차 운전자에게 필수 품목이다. 여러 종류의 내비게이션이 시장에 나와 있지만 최근에 출시된 '다중 자아 내비게이션'은 좀 특별하다. 출발지를 선택하면 여러 경로가 나타나는 것은 여느 내비게이션과 마찬가지다. 통행료를 내지 않는 경로, 최단 시간 경로, 최단 거리 경로 등이 제시된다. 이 중 하나를 선택하면 자세한 길 안내가 시작되는 것도 여느 것과 다르지 않다. 다중 자아 내비게이션이 다른 점은 경로를 선택한 이후에 나타난다.

  예를 들어 철수가 이 내비게이션을 이용해 월드컵 경기장 가는 길을 찾았다고 하자. 첫 번째 경로는 내부순환도로를 통해서, 두 번째 경로는 강변북로를 통해서 가라고 말한다. 철수는 첫 번째 경로를 택하고 운전을 한다. 그런데 문득 내부순환도로가 곧 정체될 것 같다는 생각이 든다. 문득 든 생각이고 별다른 이유 없이 하게 된 생각이다. 그래서 철수는 강변북로로 가는 길로 접어들었고, 내비게이션은 경로를 이탈했다는 안내 방송을 한다.

다중 자아 내비게이션이 여타 내비게이션과 다른 점은 바로 이 순간에 발휘된다. 내비게이션은 철수가 새로 들어선 경로를 보여주는 동시에, 만약 철수가 첫 번째 경로로 그대로 갔더라면 철수가 있을 위치를 보여준다. 실제 철수와 가상의 철수 중에서 누가 먼저 월드컵 경기장에 도착하는지를 두고 내비게이션 안에서 작은 시합이 열리는 셈이다. 목적지에 도착하고 나면 철수는 가상의 철수보다 더 빨리 도착했는지를 알수 있을 것이다.

가상의 철수는 여럿일 수 있다. 철수가 강변북도로 가는 도중에도 내비게이션이 추천하는 경로를 벗어나 다른 경로로 가게 되면 또 다른 가상의 철수가 등장하는데, 화면은 내비게이션 추천 경로대로 갔었더라면 철수가 있게 될 위치를 알려준다. 철수가 여러 번 내비게이션의 추천 경로와 다른 길로 갔다면 그 선택의 수만큼 가상의 철수가 생겨나게 되는 것이다.

많은 사람들은 다중 자아 내비게이션이 크게 실패할 것이라고 예측했다. 이 내비게이션이 운전자에게 불필요한 후회를 불러일으키게 할 것이기 때문이다. 가상의 철수가 실제 철수보다 10분 먼저 월드컵 경기장에 도착했다고 내비게이션이 알려준다면, 철수는 내비게이션의 추천 경로를 무작정 따랐던 자신의 행동을 후회할 것이다. 가상의 철수가 얼마나 빨리 목적지에 도착했는지 몰랐다면 그런 후회는 없었을 것이다.

하지만 자아 내비게이션은 예상 외의 성공을 거두었다. 성공의 비결은 무엇일까? 어떤 사람들은 다중 자아 내비게이션이 일상생활에서 손쉽게 승리감을 맛볼 수 있게 해주기 때문에 인기를 끌고 있는 것이라고 분석했다. 가상 자아와의 시합에서 질 때 느끼는 패배감보다는 이겼을 때 느끼는 승리감이 더 크다는 것이다.

반면 성공의 원인을 내비게이션에 숨겨진 기능에서 찾는 사람도 있었다. 모든 이용자가 알고 있는 것은 아니지만, 다중 자아 내비게이션에는 '후회 방지' 기능이 있다. 이 기능을 활성화하면 가상의 운전자는 제한 속도에 크게 못 미치는 느린 속도로 운전하도록 설정된다. 가상의 운전자가 느리게 운전을

나를 이긴 나는,
나에게 진 나이기도 하다.

하기 때문에 실제 운전자가 가상 운전자보다 빨리 목적지에 도달하는 것은 그리 어려운 일이 아니게 된다. 사람들은 자신의 경로 선택이 어쨌든 최상의 선택이었다고 생각하며 뿌듯해했다. 사람들은 자신의 선택을 후회하지 않는 것에 만족해했다. 이 후회 방지 기능이 바로 다중 자아 내비게이션이 성공한 이유라는 분석이다.

하지만 다른 이유에서 이 내비게이션을 사랑하는 사람들도 있다. 철수도 그런 사람 가운데 한 명인데, 왜 다중 자아 내비게이션을 사용하는지 묻자 그는 이렇게 답한다.

"가상의 나와 대결하는 일은 언제나 즐겁습니다. 가지 않은 길을 선택한 나 역시 나니까, 그런 나에게 진다고 해서 좌절감을 느낄 필요는 없다고 생각해요. **가상의 나에게 지는 일은 최상의 나를 찾아가는 일과 같습니다.** 그렇지 않나요? 가상의 나에게 졌다면 다음번에는 그 가상의 내가 선택했던 경로를 선택해서 운전하면 됩니다. 그런 식으로 나는 최상의 나를 찾아가고 있어요. 다중 자아 내비게이션 덕분에 최상의 나를 찾았습니다. 여러분도 모두 한번 써 보세요."

‘자신을 이기라’는 말, ‘자신에게 지지 말라’는 말. 그렇다면 나를 이긴 나는 누구인가?

어느 날 내비게이션이
길을 잘 모른다고 사과했다

한 내비게이션이 입소문을 타고 날개 돋친 듯 팔리고 있다.
이 내비게이션은 다른 내비게이션과 마찬가지로 목적지로
가는 최적의 경로와 예상 시간을 운전자에게 알려준다. 다른
내비게이션과 차별되는 점은 단 하나, 실수를 인정하는 솔직
함이다.

다른 내비게이션은 예상 도착 시간과 어긋나는 일이 없다.
운행 시간이 늦어지면 늦어지는 대로, 운행 시간이 빨라지면
빨라지는 대로 예상 도착 시간을 그에 맞춰서 수정하기 때문
이다. 그래서 내비게이션의 예측은 어긋날 수가 없다.

이에 비해서 실수를 인정하는 내비게이션은 자신이 한 예

측을 수정하지 않는다. 운전자들은 이 점을 높이 산다. 그들은 이 내비게이션을 '교육적이다'고 평한다. 한번 내뱉은 말은 책임지려는 점이 특히 마음에 들었다고 한다.

"이상하게 들리겠지만, 저는 이 내비게이션을 존경합니다. 사실 저는 이 내비게이션과 서로 이름을 부르는 사이입니다. '철수 씨'라고 부르고 있죠. 철수 씨는 책임감이 강합니다. 저희 아이들에게도 철수 씨의 책임감을 본받으라고 말하고 있습니다. 철수씨는 정직합니다. 자신의 실수를 인정하는 용기를 갖췄습니다. 이 모든 덕목을 갖춘 철수 씨를 매일 만날 수 있다니 얼마나 행운입니까."

물론 모든 사람들이 사과하는 내비게이션을 좋아하는 것은 아니다. 서울에서 택배업을 하고 있는 장배달(가명) 씨는 그 이유를 이렇게 말한다.

"사과하는 내비게이션이라는 게 말이 됩니까? 내비게이션을 쓰는 이유가 뭡니까? 예상 도착 시간이 틀려서 사과를 하는 것보다 예상 도착 시간을 맞추는 게 중요한 거죠. 이 내비게이션을 두고 인간적이라고 말하는 사람들은 앞뒤 분간을 못하는 겁니다. 사과를 자주 할수록 더 인간적이라고 칭송하는 사람도 있더군요. 사과를 자주

하는 내비게이션은 인간적인 것이 아니라 그냥 형편없는 내비게이
션인 겁니다."

~~~~~~~~~~~ ✏ ~~~~~~~~~~~

거짓말을 한다는 것은 특별한 능력이다. 일단은 말을 할 수 있어
야 하고, 참말을 하는 것이 무엇인지 알아야 하며, 그에 반대되는
말을 하고 싶은 욕망을 가져야 한다. 기계가 그런 능력을 갖는다는
것은 놀라운 일이다. 이보다 더 놀라운 능력은 자신이 한 거짓말을
털어놓는 것이다. 그런 능력을 갖기 위해서는 무엇이 필요할까?
거짓말을 한 사람이 자신의 거짓말을 고백하는 것은 참말을 하는
셈이므로, 결국 거짓말을 하는 것보다 참말을 하는 것이 더 특별한
능력이라고 할 수 있을까?

사과에는 두 번의 용기가 필요하다.
잘못을 깨닫는 것, 그리고 그것을 말하는 것.

70억 명 모두가
연예인인 세상

'캐릭터 시장에 관한 특별법'이 국회에서 통과되었다. 이 법안이 어떻게 생겨났는지를 이해하기 위해서는 다음과 같은 배경에 대해 이해할 필요가 있다.

연예인이 되겠다는 사람들의 수는 점점 늘어난다. 특히 청소년들은 가장 선망하는 직업으로 연예인을 꼽는다. 청소년들에게 '연예인'은 '유명인'과 동의어로 받아들여졌다. 하지만 연예인의 수는 크게 늘어날 수 없다. 그 이유는 연예인의 캐릭터를 소비하는 대중에게 있다. 대중이 즐길 수 있는 연예인 캐릭터의 수에는 한계가 있기 때문이다. '대중문화는 다양하면 할수록 더 좋다'는 주장은 어디까지나 이상일 뿐이다. 사람들은 연예인들이 갖는 특정한 캐릭터를 즐기는데, 대중이 기억할 수 있는 캐릭터의 수는 아무리 많아도 천 개를 넘지 못한다고 한다.

이에 대응해서 연예인들도 자신만의 캐릭터를 만들고자 많은 노력을 기울여왔다. 예전에는 없었던 캐릭터가 등장해서 대중의 사랑을 받기도 했다. 예를 들어 '웃기지 못하지만 웃기려는 모습이 웃긴 개그맨'과 같은 캐릭터는 이전에 없었던 것이었다.

이와 관련해 연예인들이 고민하는 것은 두 가지다. 하나는 특정 캐릭터가 대중의 관심과 사랑을 받게 되면 다른 캐릭터는 소외된다는 것이고, 다른 하나는 연예인 캐릭터는 겹칠 수 없다는 것, 즉 대중은 두 명 이상의 연예인이 하나의 캐릭터를 공유하는 상황을 허락하지 않는다는 것이다.

어느덧 연예인 캐릭터 시장은 포화 상태에 도달했다. 연예인의 세계는 겉으론 화려해 보이지만, 캐릭터를 안정적으로 갖고 대중의 사랑을 받는 연예인들과 그렇지 못한 연예인들의 차이는 극심해졌다. 그럼에도 연예인 지망생들의 수가 폭발적으로 늘어나자, 이들의 요구를 어느 정도 만족시키면서 연예인 세계의 빈부 격차를 완화할 수 있는 방안을 찾게 되었다. 이런 노력이 결실을 맺은 것이 '캐릭터 시장에 관한 특별법'이다.

이 특별법의 핵심 내용은 두 가지다. 하나는 연예인 캐릭터를 등록해 관리하는 것이다. 법안에 따르면 연예인 캐릭터는 천 개를 넘지 못한다. 연예인 캐릭터가 등록되면 고유번호를 부여받는데, 천 번이 넘는 캐릭터가 활성화되기 위해서는 앞선 번호의 캐릭터가 '사망'해야 한다. 캐릭터 사망 진단은 상시적으로 운영되는 '캐릭터 운영위원회'에서 결정되는데, 위원들은 캐릭터에 대한 대중의 관심 정도를 조사해 캐릭터가 대중들의 입맛과 관심에서 벗어났다는 점을 충분히 입증해야 비로소 캐릭터가 사망했다고 판정할 수 있다.

두 번째 내용은 연예인 지망생의 바람을 반영하고 연예계의 빈부 격차를 해소하기 위한 목적을 갖고 있다. 전국을 다섯 개 권역으로 나누고 특정한 캐릭터로 활동하는 연예인은 지정된 권역에서만 활동하도록 했다. 예전에 소주 판매를 지역적으로 제한했던 법처럼 연예인의 활동을 지역적으로 제한함으로써 보다 많은 연예인 지망생들이 연예인이 될 수 있도록 하자는 것이 이 특별법의 취지였다.

대중스타는
스스로 빛을 내지 못하고
대중의 짧고 변덕스런
선망으로 빛난다.

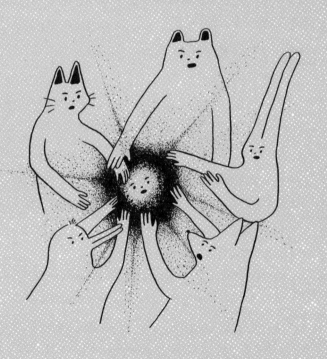

이 특별법이 통과됨으로써 연예인이 되는 꿈을 갖고 있지만 경쟁에 치어 꿈을 접고 살아온 많은 사람들이 새로운 희망을 갖게 되었다. '빈틈이 많아 보이지만 의외로 똑똑하면서 노래 잘하는' 캐릭터를 갖고 싶은가? 이미 그런 캐릭터를 갖고 안정적으로 활동 중인 연예인이 있다고 그 꿈을 접을 필요가 없다. 다른 지역으로 가서 그 캐릭터에 도전하자. 이제 누구나 연예인이 될 수 있는 시대가 왔다.

~~~~~~~~~~~~~~~~✏~~~~~~~~~~~~~~~~

미국 국가대표 피겨스케이팅 선수 중에 토냐 하딩이라는 이가 있었다. 1990년대에 선수로 활동했으니 오래전 일이다. 그럼에도 사람들이 지금도 그를 기억하는 이유는, 자신의 맞수 낸시 캐리건 선수에게 부상을 가하도록 사주했다는 죄목으로 피겨스케이팅 선수자격을 영구 박탈당했기 때문이다.

피겨스케이팅을 더 이상 할 수 없게 된 하딩은 격투기 선수가 되었다. 대중에게 그는 '운동 신경이 뛰어난 뻔뻔한 악녀'였다. 그는 이런 캐릭터를 지닌 최초이자 유일한 사람이었다. 사람들은 그에게 마음껏 야유를 보냈다. 그가 눈앞에서 사라지길 원해서 그런 것이

누구나 철학자가 되는 밤

아니었다. 그 반대였다. 사람들은 하딩을 야유하기 위해서 모여들었다. 그렇게 그는 그 당시 '운동 신경이 뛰어난 뻔뻔한 악녀' 캐릭터를 대표했다.

2017년 〈아이, 토냐〉라는 영화가 개봉했다. 그에 관한 이야기였다. 이 영화에서 그려진 하딩은 '운동 신경이 뛰어난 뻔뻔한 악녀'가 아니었다. 선수 자격이 박탈당했던 시기에 그 말고 다른 사람이 '운동 신경이 뛰어난 뻔뻔한 악녀' 캐릭터를 견고하게 선점하고 있었다면, 그는 다른 삶을 살았을지도 모른다.

오늘도 거짓말처럼
손이 시린 정글

"오늘은 어제와 마찬가지로 화창하겠습니다. 최고 온도는 25도까지 올라가지만 습도는 낮은 편이라서 선선하겠습니다. 가끔씩 구름이 끼겠지만 햇살은 충분하겠습니다. 바람은 남서풍이 조금 불겠습니다. 점심 도시락을 가지고 야외로 나가는 것도 좋겠습니다. 저녁은 맑고 청량하겠습니다. 최저 온도는 18도로 예상합니다. 창문을 약간 열어 놓아도 좋겠습니다.

이번 주 날씨를 보실까요? 내일도 오늘과 마찬가지로 활동하기 좋겠습니다. 그리고 이번 주 내내 궂은 날씨는 없습니다. 비는 이른 새벽에 잠깐 내릴 수 있지만 아침 산책을 나갈 쯤에는 그치겠습니다. 이번 주 내내 최고 온도 25도에 최저 온도 18도를 기록하겠습니다.

믿기 어렵지만 이런 날씨가 이번 주 내내 계속됩니다."

기상 예보관의 날씨 안내가 사람들로 북적이는 식당에 걸려 있는 텔레비전에서 흘러나온다. 사람들은 점심을 먹으면서 날씨 방송을 듣는다. 가끔씩 화창한 하늘 사진을 보면서 웃음을 흘리기도 한다.

식당에는 창이 없다. 지하에 있기 때문이다. 사람들은 바깥 날씨가 어떤지 알지 못한다. 이 방송은 최근에 인기를 끌고 있는 가상 날씨 방송이다. 이 방송에서는 사람들이 듣기 좋아하는 일기 예보를 들려준다. 사람들은 라디오 진행자에게 음악을 신청하듯이 가상 날씨 방송 진행자에게 날씨를 신청한다.

날씨를 신청하는 방식은 다양하다. 어떤 사람은 직접 자신이 원하는 날씨를 글로 묘사해 보낸다. 어떤 사람은 과거 특정 기간을 콕 짚어서 그때의 날씨를 방송해 달라고 한다. '1993년 5월 25일 스페인 세비야 지역의 날씨를 방송해 주세요'와 같은 식이다. 날씨 방송 진행자의 창작을 요구하는 경우도 있다. "요즘 소화가 잘 안 돼요. 듣고 나면 가슴이 후련해지는 날씨 좀 부탁 드려요." "오늘은 제 스무 번째 생일입니다. 어떻게 살아가야 할지 고민이 많은데 날씨로 위로해주세요."

미세먼지와 초미세먼지로 아예 창문을 닫고 사는 사람이

많아졌다. 원치 않지만 돈이 없어서 창문이 없는 집에서 살아가는 사람들도 있다. 고시원 쪽방에서 살고 있는 사람들도 가상 날씨 방송의 애청자들이다. 고시원에서 수년째 살고 있는 한 수험생의 사연은 가상 날씨 방송의 인기를 보여준다.

"어제 들었던 날씨 예보, 정말로 좋았습니다. 제가 누워 있는 곳에서는 하늘이 보일락 말락 합니다. 그런데 어제 날씨에 따르면 그 하늘은 구름 한 점 없이 높았을 겁니다. 내일은 제가 준비하는 공무원 시험에 합격한 느낌을 주는 날씨로 예보해 주시면 좋겠습니다. 좋은 예보, 기다리겠습니다."

개인 맞춤형 일기 예보 서비스를 원하는 사람들도 있었다. 어차피 창밖을 보지 않을 것이기 때문에 어떤 사람에게는 내일 폭설이 내린다고 하고 다른 사람에게는 내일 찜통더위가 기승을 부릴 것이라고 한다고 해도 문제가 될 건 없었다. 그들 각자 자신에게 주어진 일기 예보만을 즐긴다면 말이다. 자신만 즐기는 일기 예보 중에는 과격한 것도 많다.

"오늘은 기상청 관측 사상 최초로 7월 중에 폭설이 내리겠습니다. 눈은 새벽부터 와서 전국 산하를 하얗게 뒤덮겠습니다. 하지만 오후 들어서는 온도가 급격히 올라가서 다시 기상청 관측 사상 최초로 40도를 넘어서겠습니다. 눈은 대부분 녹아 내려서 작은 하천은 범람하겠습니다. 하지만 해발 800미터가 넘는 산간은 영하의 온도를 유지할 것으로 보입니다. 따라서 내일 저녁에는 눈 덮인 북한산을 보면서 더위를 달래볼 수 있겠습니다."

이런 예보 이후에는 폭설이 쏟아지는 광화문 거리와 범람하는 하천을 배경으로 가상 날씨 통보관이 등장해 자세한 날씨 상황을 전해주는데, 화면 한 구석에는 작은 글씨로 '가상 화면'이라는 안내문이 적혀 있다.

가상 날씨 방송은 성공을 거두었다. 이에 힘입어 이른바 '하얀 거짓말' 사업이 활발해졌다. 사람들이 원하는 하얀 거짓말은 다양했다. 자신이 원하는 대학에 합격했다는 소식을 듣기 원하는 사람도 있었고, 자신이 복직되었다는 소식을 듣기 원하는 사람도 있었다. 약소한 서비스 비용만 지불한다면 그들이 듣고 싶은 뉴스는 무엇이든 제작되어 전해졌다.

거짓말처럼 푸르던 하늘은
오직 기억 속에만 있다.

파스칼^{Blaise Pascal}은 이렇게 말했다. '진리는 사랑하지 않는다면 알 수 없는 것이다.' 반면에 거짓은 사랑하지 않아도 쉽게 손에 들어온다. 힘들이지 않아도 가짜 뉴스가 우리 주변을 채우게 되는 이유다.

첫사랑 독점의
법칙

우리 모두는 누군가의 첫사랑이었다.

이런 광고 문구를 내건 영화가 있었다. 하지만 이 문장이 진실을 말하는 것처럼 보이지는 않는다.

우리 모두에게는 첫사랑이 있었다.

이 문장이 오히려 진실에 가까울 것이다. 사랑을 해본 사람이라면 첫사랑이 있을 수밖에 없다. 그래서 '사랑을 해본 우리 모두에겐 첫사랑이 있었다.' 이 문장은 참일 수밖에 없다.

왜 '우리 모두는 누군가의 첫사랑이었다'는 문장이 거짓이고 '우리 모두에게는 첫사랑이 있었다'는 문장이 참일까? 바로 우리 주변에는 '첫사랑 독점자'가 있기 때문이다. 첫사랑 독점자는 여러 사람들로부터 첫사랑을 받게 된 사람이다. 첫사랑 독점자 때문에 누군가의 첫사랑인 적이 한 번도 없는 사람들이 존재하게 된 것이다. 이들은 누군가의 첫사랑인 적은 없지만 첫사랑은 해본 적이 있는 사람들이다. 우리는 이들을 '첫사랑 빈털터리'라고 부르기로 한다.

두 사람 간의 사랑은 한 사람이 사랑을 고백하고 다른 사람이 이를 받아들여서 시작된다. 사랑 고백을 한 사람도 평생 처음으로 고백한 것이고 사랑을 받아들인 사람도 평생 처음으로 사랑을 받아들인 경우를 두고 우리는 '첫사랑이 이뤄졌다'고 말한다.

첫사랑 빈털터리로 지내다가 첫사랑을 이루는 사람들이 있다. 첫사랑 빈털터리가 첫사랑을 이루면 그는 더 이상 첫사랑 빈털터리가 아니다. 누군가로부터 사랑을 받았기 때문이다. 첫사랑을 이룬 두 사람을 주변 사람들은 부러워한다. 하지만 사람들이 알려고 들지 않는 것이 있다. 그것은 이루어진 첫사

첫사랑 독점자 사이의 사랑만
아름다운 것이 아니다.

랑에는 세 종류가 있다는 점이다.

- 첫 번째, 빈털터리+빈털터리: 첫사랑 빈털터리로 지내던 두 사람 사이에 이루어진 첫사랑이다.
- 두 번째, 빈털터리+독점자: 첫사랑 빈털터리와 첫사랑 독점자 사이에 이루어진 첫사랑이다.
- 세 번째, 독점자+독점자: 첫사랑 독점자로 지내던 두 사람 사이에 이루어진 첫사랑이다.

사람들은 첫사랑을 이룬 사람들이 모두 첫 번째 종류의 첫사랑에 성공한 것이라고 착각한다. 하지만 이루어진 첫사랑은 대부분 두 번째 종류다. 첫사랑 독점자들은 첫사랑을 이루기 쉽다. 자신을 첫사랑으로 여기는 많은 사람들 중에서 자신이 사랑하고 싶은 사람을 선택하면 되기 때문이다.

첫사랑 빈털터리끼리 이루어지는 첫사랑은 로맨틱 코미디 영화의 소재가 된다. 반면에 첫사랑 독점자 사이에 이루어진 사랑은 비극의 소재가 되기 싶다.

축구는 감독의 예술,
감독은 선수의 감옥

탁월한 축구 감독이라는 평판을 받는 사람이 있었다. 그는 자신이 맡고 있는 대학 축구팀을 모든 경기에서 승리로 이끌었다. 사람들은 감독으로서의 그의 능력을 높이 평가했다. 하지만 사람들이 더 주목한 것은 그가 이끄는 팀에서 뛰는 선수들이었다. 선수들은 최고의 기량을 가졌다는 평가를 받았고 이중 많은 선수들이 프로 팀에 입단했다.

감독은 자신이 맡고 있는 대학 팀의 선수들이 프로 팀에 입단하게 된 것을 기뻐했다. 하지만 그들을 축복하는 자신의 마음속에 걸리는 것이 있었다. 사람들은 감독이 맡은 팀이 연전연승할 수 있었던 주된 이유를 뛰어난 선수들의 기량에서 찾았다. 바로 이 점이 그의 마음에 들지 않았다. 감독은 수없이 많은 경기 전략과 분석을 통해서 모든 경기를 승리로 이끌었고, 당연히 그 공은 자신의 뛰어난 전략과 분석에 돌려져야 한다고 믿었다.

하지만 자신의 이런 생각을 드러내는 것은 두려웠다. 만약 자신이 불만을 표현한다면, 사람들이 자신을 시기심에 사로잡힌 사람으로 볼 것 같았기 때문이다.

그래서 감독은 몰래 두 가지 일을 추진했다. 하나는 자신이 보유하고 있었던 경기 전략을 더 가다듬는 것이고, 다른 하나는 평범한, 아니 다른 대학 팀에서는 거들떠보지도 않는 선수들로만 팀을 새로 꾸리는 것이었다.

감독은 이렇게 별 볼 일 없는 선수들로 구성된 팀으로 다시 연전연승을 거두었다. 사람들은 감독의 뛰어난 전략에 감탄하며 이 팀을 대학 최고의 팀으로 평가했다. 하지만 이 팀의 선수들은 대학을 마치고 아무도 프로 팀에 입단하지 못했다. 개개인으로 볼 때 그들은 뛰어난 선수라고 볼 수 없었기 때문이다.

프로 팀의 지명을 받지 못한 선수들은 쓸쓸하게 졸업을 했

질투와 시기는 아끼는 사람의
불행을 먹고 산다.

다. 의기소침해진 그들을 감독은 위로하며 격려했다. 그러면서 감독은 마음속이 훈훈해지는 것을 느꼈다.

~~~~~~~~~~ ✎ ~~~~~~~~~~

모든 사람이 훌륭해지길 원하는 사람이 있는 반면, 자신만 훌륭해지길 원하는 사람이 있다. 다른 사람의 성공을 질투하기 때문이다. 나아가 자신이 실패하더라도 다른 사람이 자신보다 더 실패하길 원하는 사람이 있다. 다른 사람이 자신보다 나아지는 것을 시기하기 때문이다.

유통기한이 사라진
박쥐 인간

오랫동안 유명 배우로 살아온 사람이 있었다. 그는 여러 영화
에서 주연을 맡았지만 광고 모델로 더 유명했다. 언론에서는
그를 '방부제 미녀'라고 부르곤 했다. 중년이 되어서도 젊었을
때 모습을 그대로 갖고 있다는 의미였다. 동시에 이 표현은,
나이가 들면 얼굴이 썩는다는 걸 전제하는 것 같다. 적어도 그
는 이 말을 그렇게 받아들였다. 그래서 그의 하루 일과는 대부
분 얼굴이 썩는 것을 막아주는 운동과 피부 관리에 바쳐졌다.
그 결과 그는 '어디서 찍어도, 언제 찍어도 화보 같다'는 말을
자주 들었고, 그 말은 그가 운동과 피부 관리에 더 많은 노력
을 쏟게 만드는 원동력이 되었다.

어느 날 그는 자신의 얼굴에서 작은 주름을 발견했다. 그것은 그에게 얼굴이 썩는 징조와 마찬가지였으므로, 그가 공포와 불안에 휩싸이게 된 것은 당연했다. 그가 이상하게 보이는 행동을 하기 시작한 것은 그 즈음이었다. 그는 자신의 방에 틀어박혀 박쥐처럼 철봉 기구에 거꾸로 매달려 있는 시간이 많아졌다. 그가 이렇게 행동하게 된 까닭은 그가 한 가지 사실을 깨달았기 때문이다. 주름으로 고민하던 어느 날 이런 생각을 하게 된 것이다.

'모든 질량을 가진 물건은 중력의 힘을 받는다. 신체 역시 중력의 힘을 받을 수밖에 없다. 오랜 시간 동안 중력의 힘을 받게 되면 피부는 아래로 처지기 마련이다. 결국 땅에 두 발을 딛고 너무 오래 있는 것이 피부가 처지는 원인이다.'

이 점을 깨달은 그는 남은 인생을 이등분하기로 결심했다. 반은 땅에 두 발을 딛고, 나머지 반은 두 발을 자신의 머리 위에 두고 살기로 한 것이다. 결심은 철봉 거꾸로 매달리기라는 실천으로 이어졌다. 철봉에 거꾸로 매달리는 일 자체는 금방

뱀파이어는
노화가 멈춰지도록
저주받은 존재다.

익숙해졌다. 문제는 매달려 있는 동안에는 음식을 먹기가 불편하다는 것이었다.

그래서 그는 매달려 있는 시간 동안에는 거의 아무것도 먹지 않았다. 또한 그 동안에는 돌아다닐 수도 없었으므로 창문에 두꺼운 커튼을 드리워서 깜깜하게 만든 후 철봉에 거꾸로 매달린 채 잠을 잤다. 그러다보니 방에 햇빛이 들어오면 눈에 너무나 큰 자극이 되어서 소리를 지를 정도가 되었다. 이 때문에 어떤 사람들은 그가 햇빛을 극도로 싫어한다고 생각하기도 했다.

어느덧 그의 나이는 예순을 넘어섰다. 하지만 그의 피부에는 주름이 거의 없었다. 철봉에서 인생의 반을 보내느라 온몸의 근육은 극도로 발달하게 되었다. 햇빛을 많이 쐬지 못해서 얼굴은 도드라지게 하얀 편이었다. 그의 모습은 여전히 젊어 보였지만, 이제 그를 찾는 광고주는 거의 없다.

사람들은 여전히 그를 '방부제 미녀'라고 불렀다. 하지만 이 표현이 의미하는 바는 예전과 달랐다. 이를테면 사놓은 것을 까먹고 있다가 한 달이 지나서 발견했음에도 갓 나왔을 때와 다르지 않은 단팥빵과 비슷했다. 방부제 때문에 한 달이 지나도 빵이 썩지 않는다는 것을 알게 될 때에야 그 빵을 피하게 되듯이, 이제 그는 기피의 대상이 되었다.

하지만 그는 개의치 않았다. 그에게 중요한 것은 주름 없는 피부였기 때문이다. 도드라질 정도로 하얀 얼굴에 주름 하나 없는 피부를 가진 그가 밤거리를 활보하면 사람들은 왠지 모를 오싹함을 느끼며 그를 피했다.

안티에이징anti-aging은 '노화를 늦추다'라는 원래 뜻보다는 '노화를 멈추다' 또는 '노화에 반대한다'는 의미를 가졌다는 착각을 준다.

오늘도 달콤한
시지프 씨의 하루

인류 역사에서 형벌의 다양성은 우리의 상상을 뛰어넘어 왔지만, 그 가운데 가장 두려운 것은 중세 이탈리아 시에나 지역에 잠시 존재했던 '시지프Sisyphus 형벌'이라고 할 수 있다. 이 형벌은 신화 속 이야기로 전해져 오던 시지프 왕의 형벌을 그대로 본뜬 것이라고 한다.

≋

시지프가 신에게 받은 형벌은 잘 알려져 있다. 그가 어쩌다가 이런 벌을 받게 되었는지는 우리의 관심사가 아니다. 도대체 왜 이런 형벌을 생각해냈을지, 그 잔인한 상상이 우리가 주목하고자 하는 대상이다.

시지프는 무거운 바위를 산꼭대기까지 올려야 한다. 하지만 산꼭대기는 너무나 뾰족해서 바위가 서 있을 수 없다. 그래서 시지프가 올려놓은 바위는 다시 원래의 위치로 굴러 내려가게 되고, 시지프는 다시 바위를 굴려 산 정상에 올려놓아야 한다.

물론 바위를 산꼭대기에 올리는 것은 고통스러운 일이다. 하지만 형벌이 요구하는 것은 그런 고통이 아니다. 바위를 올려놓는 순간 자신이 공들여 한 일이 물거품이 되는 꼴을 목격해야 하는 것이 이 형벌의 핵심이다.

이 형벌을 현실에 적용해 보겠다는 대범한 상상력을 가진 사람이 중세 이탈리아 시에나 지역의 작은 나라에 살았다. 그 대범함의 결과는 거의 범죄에 가까웠으므로 그 역시 '시지프 형벌'을 받게 되었다고 한다.

그를 포함해서 시지프 형벌을 받게 된 사람들은 시에나 지역의 언덕에 돌로 지어진 감옥에 산다. 그들은 매일 새벽 해가 뜨자마자 언덕 아래 평지로 나가서 자신의 몸무게만큼 무거운 바위 덩어리를 굴려 언덕 꼭대기에 올려놓아야 한다.

그 다음 일은 당연히 자신이 힘들게 굴려 정상에 올려놓았던 바위를 밀어서 원래 있던 자리로 가게 하는 것이다. 해가 질 때까지 바위 굴려 올리기는 반복되고, 사방이 어두워져서 언덕 꼭대기가 보이지 않게 될 때 죄수들은 바위를 원래의 자리로 돌려놓고 돌로 지은 감옥으로 돌아간다. 그리고 하루 동안에 쓴 힘을 보충하기에 턱없이 부족한 양의 음식을 먹고 새벽 해가 떠오를 때까지 잠을 자게 된다.

하루 종일 한 일이 바위를 굴리는 것밖에 없었으므로 죄수들이 꾸는 꿈은 대부분 바위 굴리기에 관한 것이다. 꿈속에서 그들은 바위를 언덕 꼭대기에 올리는 데 성공하고 석방이 된다. 기뻐서 소리를 치다가 꿈에서 깨어나면 새벽녘이다. 다시 바위 굴리기를 하러 나가야 할 시간이 된 것이다.

시지프 형벌이 두려운 점은 바위를 굴려 올리는 행위가 그 어떤 것에도 기여하지 않는다는 것이다. 바위 굴리기를 해야 하는 기한이 있는 것도 아니다. 기한이 있다면 자신의 목숨이 다하는 시점이다. 당연히 채워야 할 바위 굴리기 횟수가 있는 것도 아니다. 쉬지 않고 굴려 올려야 한다는 명령만 있을 뿐이다.

높은 데까지 올린 바위가 아래로 굴러 떨어질 때 생기는 에

너지를 이용해서 하는 일도 없다. 트레드밀^{treadmill}은 원래 근대 영국에서 감옥에 갇힌 죄수의 운동에너지를 이용해 곡물을 빻는 기계였다. 고대 로마의 갤리^{galley}선에서 노예들이 배를 젓는 수고는 배를 앞으로 나가는 데 사용되었다. 하지만 시지프 형벌에서는 그런 기여에 대한 기대감조차 가질 수 없다.

끝나지 않는 굴레를 거부하는 죄수들도 있었다. 바위 굴리기를 하지 않겠다고 버틴 것이다. 그들에게 내려지는 처분은 단 하나다. 꼭대기에서 굴러 내려오는 바위를 몸으로 맞서는 것. 결국 죽음만이 형벌에서 벗어나는 길이다.

한 죄수가 몸이 아파서 바위를 도저히 굴릴 수 없었던 적이 있었다. 만약 바위를 올리지 못한다면 굴러 내려오는 바위에 맞아 죽는 길밖에는 없었다. 그런데 다른 죄수가 몸이 아픈 그를 대신해 두 개의 바위를 동시에 굴려 올리겠다고 간수에게 말했다. 간수가 그러라고 하자, 이 죄수는 두 개의 바위를 동시에 굴려 올리는 괴력을 발휘했다. 동료 죄수들은 그를 경이로운 눈으로 바라보았다.

두 개의 바위가 꼭대기에 서자, 간수는 몸이 아픈 죄수에게 바위가 굴러 떨어지는 곳으로 가서 서 있으라고 명령했다. 언덕에 올라간 바위는 다시 내려와야 했으므로 두 개의 바위를 굴리며 올라간 죄수도 바위 두 개를 모두 아래로 굴릴 수밖에 없었다. 그 사건 이후로 그 어떤 누구도 다른 죄수를 대신해 바위를 굴리겠다고 나서지 않았다. 다른 사람의 존경을 받아 덕을 쌓는 일은 시지프 형벌의 핵심을 거스르는 행위였다. 누구도 바위 굴리기를 통해 무엇인가에 기여해서는 안 되기 때문이다.

시지프 형벌을 받게 된 죄수는 대부분 얼마 가지 못해 그곳에서 생을 마치게 된다. 당연했다. 시지프 형벌 밑에 있는 사람은 '외롭고, 가난하고, 더럽고, 잔인하고, 짧은' 생을 살 수밖에 없기 때문이다. 그런데 예외라고 할 수 있는 사람들도 있었다. 그 가운데 가장 두드러지는 예외는 20년 이상 바위 굴리기를 하다가 감옥에서 생을 마친 죄수였다. 그의 생은 가난하고 더러웠다고 할 수는 있을지언정 결코 짧지는 않았다. 동료가 굴리는 바위에 깔려 생을 마감하는 대부분의 죄수와는 달리 그는 감옥에서 동료들이 보는 가운데 눈을 감았다.

간수들은 어떻게 이 죄수가 시지프 형벌을 참아내는지 의아해했다. 죄수는 이 잔인한 형벌을 어떻게 견뎌왔을까? 간혹 죄수들 중에는 타고난 몸이 튼튼해서 바위 굴리기가 그다지 힘들지 않는 경우도 있었다. 또 어떤 죄수들은 바위 굴리기를 통해서 자신의 신체가 건강해지는 것에 보람을 느끼기도 했다. 그런 죄수들은 자신의 모든 근육이 터질듯이 팽팽해지는 데 즐거워했다.

하지만 곧 그들은 그 모든 노력이 부질없다는 것을 깨닫게 된다. 근육질의 몸매를 갖고 할 수 있는 일이라곤 결국 바위를 굴리는 일이 전부이기 때문이다. 죄수들이 시지프 형벌을 이기는 방법은 결국 자신을 속이는 수밖에 없었다. 하지만 이것이 형벌을 이기는 진정한 방법이라고 할 수는 없을 것이다. 자기기만이 승리라고 할 수는 없을 테니까.

그래도 20년 이상의 기간 동안 하루도 빠짐없이 바위 굴리기를 한 사람은 예외적이었다. 그가 그 기간을 참아낼 수 있었던 힘은 착각이나 자기기만에서 비롯된 것일까? 그가 세상을 떠나던 밤 감옥에서 동료 죄수들이 그에게 물었다. 어떻게 그 오랜 기간 동안 시지프 형벌을 참아낼 수 있었냐고. 눈을 감기 전 죄수가 남긴 말을 정리하면 다음과 같다.

"동료 여러분, 지난 이십 년 간 나는 매우 즐거웠습니다. 내가 즐겁다는 것을 간수들이 알게 되면 그 즐거움을 뺏어갈 것이 두려워서 즐겁다는 내색을 할 수 없었지만, 그것조차 나는 즐기고 있었습니다. 나는 바위 굴리기를 즐겼습니다. 내 근육의 힘에 밀려 바위가 천천히 위로 올라가 꼭대기에 선 다음 지체할 것 없이 아래로 굴러 떨어지는 이 모든 과정이 나에겐 너무나 아름답게 느껴집니다.

그렇습니다. 이 과정은 인생이 부질없음에 대한 너무나 훌륭한 상징입니다. 제가 받은 지난 이십 년 간의 형벌만큼이나 인생의 핵심을 정확하게 표현하는 행위가 또 있을까요? 제가 아는 한 없습니다. 그러니 저는 너무 즐거웠습니다. 매일 매일 조금씩 깎이는 바위를 보세요. 이제는 거의 완벽한 공 모양이 된 제 바위는 인생이 헛되다는 것을 웅변하고 있습니다. 완벽한 공 모양이 된 제 바위를 보면서 저는 제 행위를 완성할 때가 왔다는 것을 깨달았습니다. 그래서 너무 평화롭게 눈을 감습니다. 안녕히 계세요."

카뮈Albert Camus는 《시지프 신화》에서 '우리는 시지프가 행복하다고 상상해야 한다'고 말한다. 상상할 수 있는 최악의 불행 속에 있는 인물을 상상해 놓고는 말이다.

1993년 개봉한 영화 〈사랑의 블랙홀Groundhog Day〉에서 이에 대한 한 가지 대답을 찾을 수 있다. 주인공 필 코너스는 자신이 상상할 수 있는 최악의 하루를 보내고 난 후 바로 그 날을 반복하여 살게 된다. 그가 무슨 일을 하든 아침이 되면 바로 그 최악의 하루가 다시 시작되는 것이다. 마치 시지프에게 굴려야 할 바위가 항상 언덕 밑에 준비되어 있듯이 말이다.

영화에서 필 코너스는 최악의 하루를 가장 완벽하게 살아냄으로써 그 날을 벗어나게 된다. 이런 잔인한 상상을 소재로 코미디 영화를 만들 생각을 한 해롤드 래미스 감독과 각본가는 행복한 시지프를 상상했다고 볼 수 있다.

★

인생이 바위 굴리기와 비슷하다면
언제 바위가 산꼭대기에 서게 되는지는
중요하지 않다.

3부

정글에 찾아온 밤

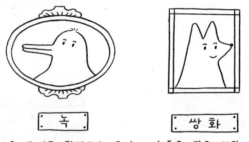

녹

쌍 화

자신을 토끼로 착각하는 오리　　수줍음 많은 사막여우

결혼반지는
복잡한 세상의 액막이

남성이 여성에게 청혼을 하면서 반지를 내미는 모습이 결혼
이라는 과정의 첫 단추다. 이것이 사람들이 결혼에 관해서 흔
히 갖는 생각이다. 그런데 그 첫 단추가 항상 제대로 끼워지는
것은 아니다. 어떤 남성은 여러 사람들 앞에서 청혼을 하면 지
켜보는 눈이 많기 때문에 상대방이 청혼을 받아줄 것이라는
어리석은 생각을 한다. 물론 청혼이 받아들여질 때도 있지만
청혼의 성공이 결혼의 성공으로 이어질지는 알 수 없다. 청중
의 응원을 받아 시도한 청혼이 실패하더라도 놀라운 일은 아
니다. 그럴 만한 상황이었다.

어쨌든 사람들의 시선은 청혼과 함께 건네지는 반지에서

청혼을 받아들일지 말지를 결정하는 상대의 입술로 옮겨가게 된다. 청혼이 받아들여진다면 사람들은 두 사람 주변에 모여서 덕담을 하며 즐거워한다. 그러나 만약 그렇지 못하다면, 사람들은 아무 말 없이 뿔뿔이 흩어질 것이다. 어느 경우든 청혼에 쓰였던 반지에 대해서 관심을 두는 사람은 별로 없다.

이 반지는 청혼의 순간에 빛나기 위해 오랜 기간 연마되어 왔다. 세공사는 이 반지를 만들기 위해서 쌀알만한 보석을 갈고 닦았을 것이다. 눈도 침침하고 허리도 아프지만 그는 이 반지가 청혼의 순간에 빛나는 주인공이 되는 것을 상상하고 이 고단함마저 보람으로 여겼을 것이다. 하지만 세공사의 바람과는 달리 받아들여지지 않은 청혼에 쓰였던 반지들이 있다. 이후 이 반지들은 어디로 가게 될까?

청혼에 실패한 사람들은 대개 반지를 내팽개쳐두거나 아니면 헐값에라도 팔아버리고 싶어 한다. 하지만 청혼에 실패한 반지로 청혼을 하는 사람이 어디 있겠는가. 이런 생각이 사람들 사이에 널리 퍼져 있다. 이 때문에 청혼 반지를 사면서 혹시 이 반지가 실패한 청혼에 쓰였던 것은 아닌지 의심하는 사람들이 있다. 물론 반지 가게 주인은 자기가 파는 반지는 결코 그런 반지가 아니라고 말한다. 모두 방금 만들어져서 신부를 기다리고 있는 반지라는 것이다.

하지만 반지를 사 갔던 사람이 그 반지가 실패한 청혼에 쓰였다는 걸 알게 되었다며 가게 주인에게 항의하는 경우가 자주 있다. 가게 주인은 처음에는 부인하다가 결정적인 증거가 드러나면 손님을 달래기 위해서 좋은 제안을 건네며 일을 덮으려 했다.

최근 일어난 사건은 가게 주인의 제안이 오히려 손님의 화를 돋우었던 경우라고 할 수 있다. 손님은 새 반지를 반값에 주겠다는 제안을 거부하고 가게를 고소했다. 경찰 조사 과정에서 가게 주인은 청혼에 실패한 반지에 대해 몇 가지를 고백했다. 그 가운데 하나는 청혼에 실패한 반지를 모르고 사서 그 반지로 청혼을 한 사람이 청혼에 실패할 확률이 높다는 것이었고, 다른 하나는 이혼한 사람이 판 반지로 청혼한 사람도 청혼에 실패할 확률이 높다는 것이었다.

물론 가게 주인의 일방적인 주장이었지만, 한 신문에서 이 주장을 흥밋거리 기사로 내보냈고, 이 바람에 청혼에 실패한 반지의 가격은 더 떨어져 버렸다.

≋

'부활한 결혼반지'라는 이름의 가게는 청혼에서 받아들여지지 않았던 반지들을 사고파는 곳으로 알려져 있다. 이 가게는 솔직하게 청혼에 실패한 반지를 판매한다고 광고한다. 청혼에 실패한 뒤 실의에 빠진 사람은 굳이 가게를 찾아오지 않고도 반지를 팔 수 있다. 이 가게에서 운영하는 홈페이지 '결혼반지의 무덤'으로 반지 사진을 보내기만 하면 아주 만족스러운 가격으로 거래를 할 수 있다.

'부활한 결혼반지'가 처음 사람들의 관심을 끈 것은 솔직함이었다. 이 가게에 진열된 반지 옆에는 실패의 역사가 그대로 기록되어 있다. 최근에 청혼에 실패한 반지도 있고 2회, 3회 실패한 반지도 있다. 하지만 솔직함만으로는 '부활한 결혼반지'의 성공을 다 설명할 수 없다.

저렴한 가격 역시 사람들이 이 가게를 찾게끔 만드는 요인이라고 할 수 있을 것이다. 하지만 '부활한 결혼반지'의 가장 큰 성공 요인은 다른 데 있다. 사람들에 따르면 이 가게에서 산 반지로 청혼한 사람들 중에서 청혼에 실패한 사람이 한 명도 없다고 한다. 이 소문은 가게의 인기에 날개를 달아주었다.

사람들은 궁금해했다. 어떻게 청혼에 실패한 반지가 도리어 높은 성공률을 갖게 되었을까? 최근 한 신문 기자가 이 가게에 관해 기사를 쓰기 위해서 가게 주인과 인터뷰를 했는데, 가게 주인은 이 질문에 이렇게 말했다.

"잘 모르지만 아마도 제가 하는 부활 의식 때문이 아닐까 생각해요. 반지의 무덤을 통해서 들어온 반지들은 모두 실패한 반지들이죠. 저는 이 반지들을 아주 깨끗하게 닦습니다. 하지만 다른 가공 작업은 하지 않습니다. 원래 빛깔이 살아날 정도로 깨끗하게 세정만 하는 거죠. 그 다음 반지 하나하나에게 이렇게 말해 줍니다.
'네 잘못이 아니야.'
이렇게 몇 번이고 속삭이는데 그러고 나면 반지가 원래보다 더 빛나는 느낌이 들어요. 그게 반지 부활 의식의 전부입니다. 그러고 나서 반지들을 고이 진열하는 거죠."

≈≈≈

'부활한 결혼반지'에서 반지를 사는 사람들은 점점 더 많아졌다. 이 반지로 청혼하는 사람들 중에는 청혼을 하면서 이 반지가 '부활한 반지'라는 것을 밝히는 사람도 있었다. 그러면 청혼을 받은 사람들은 대개 청혼을 거부하기가 어렵다고 느꼈다. 이제 '부활한 결혼반지'가 쇠퇴하는 길은 하나밖에 없는 듯이 보인다. 바로 모든 청혼이 성공해서 '결혼반지의 무덤'으로 반지를 파는 사람들이 없어지는 경우다.

~~~~~~~~~~~~~~~~ 🖋 ~~~~~~~~~~~~~~~~

결혼식 도중에 신랑이 신부에게 줄 반지를 찾지 못했다는 이야기는 들어본 적이 있지만 반지를 주지 못해 결혼식이 무효가 되었다는 이야기를 들어본 적은 없다. 결혼의 실패가 무엇인지는 모르겠고 결혼이라는 것이 실패할 수 있는 것인지도 모르겠지만, 어쨌든 그 원인이 결혼반지는 아닐 것이다. 사람들은 일이 복잡할수록 그 원인을 간단한 것에서 찾으려는 습성이 있다.

비난하기는
복잡한 문제에 대응하는
손쉬운 방법이지만
올바른 방법은 아니다.

김소월의 이름으로
즈려밟으소서

먼지를 싫어하면서도 미세먼지가 뭔지 모르던 때가 있었다.
미세먼지가 몸에 좋지 않다는 걸 알면서도 초미세먼지라는
것이 있다는 것을 모르던 때가 있었다. 모를 때는 눈에 보이지
않는 것이 두렵지 않았다. 하지만 눈에 보이지 않는 것에 대해
알게 되자 눈에 보이지 않는 것이 주는 위협에 사람들은 숨이
막히는 것 같았다.

"눈에 보이지 않는 먼지를 눈에 보이게 하라!"

숨이 막힌 사람들은 이렇게 요구했다. 그러자 빨간색으로

표현된 미세먼지 경고 안내가 사람들의 휴대전화 화면에 뜨게 되었다. 눈에 보이지 않는 것이 보이게 된 것이다. 그러자 사람들은 자신의 주변에 항상 먼지와 미세먼지와 초미세먼지가 있다는 것을 알게 되었다.

먼지와 미세먼지와 초미세먼지 모두를 알게 된 사람들은 마스크를 쓰고 입을 닫았다. 입을 닫았지만 화가 나는 것은 어쩔 수 없었다. 화가 난 사람들은 이 모든 먼지가 어디에서 오는지 알고 싶어 했다. 먼지를 만들어 내는 곳을 찾아내야 분노가 사라질 것 같았다.

'김소월팀'이 서울시청 안에 만들어진 것은 미세먼지 경고 안내가 이틀에 한 번 꼴로 사람들의 휴대전화를 울리던 때였다. 세상에서 만들어지는 모든 먼지를 뒤쫓는다는 한 연구팀이 언뜻 이해가 잘 되지 않는 연구 결과 하나를 세상에 내놓은 직후이기도 했다.

이 연구는 봄철 초미세먼지가 급증하게 된 주요 원인으로 진달래꽃을 지목했다. 사람들은 진달래를 상찬하면서 '진달래가 우리 산하를 물들인다'고 말하지만, 이 연구팀은 '진달래꽃이 우리 산하를 먼지로 뒤덮는다'고 표현했다. 산을 뒤덮은 진달래꽃 때문에 초미세먼지가 공기 중에 더 많이 잘 퍼지게 된다는 것이 연구팀의 주장이었다. 특히 땅에 떨어진 진달래꽃은 초미세먼지를 더 잘 확산시키기 때문에 떨어진 진달래꽃을 땅에 묻는 것만으로도 초미세먼지를 상당한 정도로 억제할 수 있다고 그들은 주장했다.

마스크를 쓰는 시간이 늘어나는 데 화가 난 사람들은 진달래에게 화를 쏟아놓기 시작했다. 믿었던 진달래에게 발등이 찍혔으니 이제는 진달래나무를 모조리 도끼로 찍어 없애버리겠다는 사람도 있었다. 사람들의 분노에 부응하고자 서울시는 진달래꽃을 제압하는 조직을 만들고 이를 '김소월팀'이라고 명명했다.

미세먼지가 아무리 성가시다고 하더라도 온 산하를 뒤덮은 진달래를 모두 없앨 수는 없었다. 그래서 떨어진 진달래꽃을 '사뿐히 즈려밟고' 가자는 결정이 내려졌다. 진달래꽃을 짓밟는 일이더라도 '김소월'의 이름으로 한다면 그 일은 진달래꽃을 '사뿐히 짓밟는' 일이 될 것이라고 믿었다. 그러한 시적 은유가 즈려밟히는 진달래꽃에 대해 가질 수 있는 죄의식을 덜어주게 할 것이라고 믿었다.

김소월팀에게 주어진 일은 떨어진 진달래꽃을 수거해서 없

누구나 칠환자가 되는 땅

애는 것이었다. 떨어진 꽃잎은 모이고 모여서 큰 구덩이를 메
웠다. 구덩이에는 연분홍 진달래꽃이 가득했다. 그리고 산마
다 그런 구덩이가 가득했다. 김소월팀은 구덩이를 가득 메운
진달래꽃 위에 흙을 뿌려 구덩이를 덮었다. 벚꽃은 거의 졌지
만 개나리꽃은 여전히 산하 곳곳에 피어 있던 시기였다.

흩날리는 벚꽃과 활짝 핀 노란 개나리꽃이 바람에 이리저
리 쏠리는 가운데 진달래꽃은 구덩이 속에 모여 흙을 덮어썼
다. 진달래꽃을 흙으로 덮느라 산 곳곳에는 흙먼지가 가득했
다. 김소월팀에 속한 공무원들이 쓰고 있는 마스크도 흙먼지
로 뒤덮이기 일쑤였다.

연분홍 진달래꽃이 사라지자 사람들의 분노도 조금씩 가라앉
았다. 하지만 어느 날 갑자기 날아든 소식은 사람들을 분노와
공포로 몰아넣었다. 김소월팀을 창설하게 만들었던 연구팀의
연구에 중대한 잘못이 있었던 것이다. 진달래꽃은 초미세먼지
를 일으키지 않을 뿐더러 오히려 초미세먼지 억제에 도움을
준다는 것이 밝혀졌다.

이제 사람들은 김소월팀을 만들어서 진달래꽃을 파묻었다

제물로 바쳐지는 양은 피를 흘리지만
모든 희생양이 피를 흘리는 것은 아니다.

는 사실에 말할 수 없는 죄책감을 갖게 되었다. 일찍이 사뿐히 즈려밟고 가라고 했던 시인에게도 미안함이 생겨났다. 사뿐히 즈려밟으라는 권유는 사실 가지 말라는 요청이었다는 점을 깨닫게 되었다.

김소월팀은 해체되었다. 진달래꽃이 미세먼지의 주범으로 지목되었을 때 사람들이 김소월팀을 떠올린 것은 그래도 다행스런 일이었다. 진달래나무를 모두 베어 없애지 않고 진달래꽃을 파묻는 데 그쳤기 때문이다. 어차피 진달래꽃은 져서 땅으로 떨어질 것이었기에.

이 소동은 두 가지 뜻하지 않은 효과를 남겼다. 하나는 사람들이 진달래에게 죄를 물었던 자신들에게 부끄러움을 느꼈다는 점이다. 사람들이 식물에게 집단적 죄의식을 가진 것은 이때가 처음이었다.

다른 하나는 사람들이 거대한 진달래꽃 구덩이가 주는 이미지의 강렬함을 오랫동안 기억했다는 것이다. 황토색 흙 속에 묻힌 연분홍 진달래꽃이 끝없이 펼쳐지는 광경은 이후 여러 사람에게 예술적 영감의 토대가 되었다.

공포를 느끼는 경우는 두 가지다. 하나는 공포의 원인을 모를 때, 다른 하나는 그 원인을 없앨 수 없다고 생각할 때. 진정한 공포는 사라질 수 없는데도 사람들은 공포의 원인을 제거하길 원한다. 그래서 공포의 원인이 아닌 것을 찾아서 그것을 없앤다.

희생양은 그렇게 생겨난다. 대개 희생양은 피를 흘리고 그로써 목숨을 잃어버린다. 어차피 거짓으로 믿는 것이었다면, 떨어진 진달래꽃처럼 피를 흘리지 않는 것을 희생양으로 삼으면 안 되었을까? 그래도 죄의식은 남겠지만.

노래를 뺏는
사람들

'저작권, 노래방을 넘어 안방까지 파고들다'

노래 한 곡을 부르려면 그 노래의 저작권자에게 사용료를
지불해야 한다는 대법원 결정이 내려진 날, 한 신문은 이렇게
기사 제목을 뽑았다. 사람들은 이제 공공장소에서 노래를 기
계적 방법으로 재생하는 것뿐만 아니라 인간의 목청을 통해
서 재생하는 것에도 돈을 내게 되었다. 작곡자와 작사자는 대
법원 결정을 반겼다. 다른 사람의 창작물을 즐기기 위해서는
당연히 대가를 지불해야 한다는 것이 그들의 주장이었다.

하지만 음주가무를 즐기는 많은 사람들은 당연히 이에 반

대했다. 노래를 부르는 데 돈을 내라고 하는 것은 조선시대 단발령이나 유신 시절 장발 단속에 버금갈 정도로 신체의 자유를 억압하는 조치라는 것이 그들의 주장이었다. 회식 장소에서 부른 노래는 빠짐없이 기록되어 계산서에 음식 값과 함께 청구되었다. 항목은 '노랫세'였다. 음주가무를 즐긴 사람들은 계산서를 받아들고 분노했다. "노래 부르는 게 죄냐!"

대한민국 회식 문화는 점차 식어갔다. 고속버스 안에서 위험을 무릅쓰며 노래를 부르던 관광객들도 마이크를 내려놓았다. 노랫세는 가무를 즐기는 우리 민족의 전통을 잠재웠다. 그러자 대중의 열기가 사라질 것을 염려해 새로운 조치가 이루어졌다. '1분 이내로 노래 부르기'는 노랫세를 면제해준다는 것이다. 또한 노랫세는 부르는 사람의 수와는 상관이 없고 불리는 노래의 수에 따라 매겨진다는 규정도 새로 세워졌다. 합창을 하든, 독창을 하든, 노래 한 곡을 부르고 내는 돈은 같다는 의미였다.

그 바람에 남이 부르고 있는 노래를 따라 부르는 사람들이 많아졌다. 이왕에 시작한 노래이니 합창으로 부르자는 취지였다. 하지만 이런 행태는 말다툼과 갈등으로 이어지는 일이 잦았다. 남의 노래 중간에 끼어들어 노래를 부르는 사람에게 너그러운 사람도 있지만 기분이 상해서 부르는 노래를 중단해

버리는 사람도 있었다. 그렇게 되면 누가 노랫세를 내야 하는 지를 놓고 시비가 붙기도 했다.

누군가 모처럼 부르려는 노래를 가로채서 부르는 사람들은 '노래를 뺏는 사람' 또는 '노래 강탈자'라는 말을 들었다. 이는 노래 중간에 끼어드는 사람이 얼마나 노래를 잘하는지와도 관련이 있었다. 기가 막히게 화음을 넣어서 노래의 맛을 살리 는 사람이 노래를 뺏어 부른다면 환영을 받을 때가 많았다.

경제가 좋지 않다는 말이 나돌던 때였다. 사람들은 노래 한 곡 을 부르는 데에도 쉽게 주머니를 열지 않았다. 물론 모든 사람 들이 그런 것은 아니었다. 노랫세에는 전혀 신경을 쓰지 않는 다는 듯이 아무 때나 노래를 부르는 사람들도 있었다. 돈 많은 사람들에게 노랫세는 걱정거리조차 되지 못했다. 그래서 거리 를 활보하며 노래를 1분 넘게 부르는 사람들은 대부분 노랫세 를 걱정할 필요가 없을 정도로 돈이 많은 사람들이었다.

문제는 그런 사람들 중에 노래를 잘하는 사람이 많지 않다 는 것이었다. 돈이 많은 것과 노래를 잘하는 것은 별개의 문제 이니 당연한 일이었다. 결국 거리에서 듣게 되는 노래의 대부분은 돈 많은 사람들이 형편없이 부르는 노래였다. 사람들은 귀를 닫으며 불평했다.

"노랫세가 노래 잘하는 사람들을 죄다 쫓아내고 노래 못하는 사람들만 낳았다."

그렇다면 노래를 정말 잘 부르고, 또 노래를 정말 부르고 싶고, 또 정말 돈이 없는 사람들은 어떻게 되었을까? 그들은 거리에 울려 퍼지는 형편없는 노래를 참고, 노래를 부르고 싶은 욕망을 참았다. 하지만 그렇게 계속 억눌릴 수만은 없는 것이 노래를 부르고 싶은 욕망이다. 그런 욕망을 참고 사는 것은 괴로운 삶이었다.

유난히도 노래를 잘 부르는 사람이 있었다. 그는 노래 부르길 정말 좋아했다. 하지만 그는 가난했다. 맘껏 노래 부르기는 그에게 사치였다. 그런 그가 노래 한 곡을 간절히 부르고 싶던 날이 있었다. 그날 그는 다니던 직장에서 해고 통지를 받았다. 늦은 오후 공원 벤치에 앉아 있던 그의 옆을 한 사람이 노래를 부르며 지나가고 있었다. 자신도 모르게 그는 노래를 따라 불렀다. 그의 노래를 듣고 노래를 부르던 행인이 멈춰섰다. 두 사람은 서로를 마주보며 끝까지 노래를 같이 불렀다. 두 사람의 노래를 듣고 공원에 있던 사람들이 모여들었다. 노래가 끝나자 그는 제정신을 차린 듯 말했다.

"노래를 뺏어 불러서 죄송합니다. 저도 모르게 노래를 다 부르고 말았네요. 정말 죄송합니다."

그러자 행인이 말했다.

"아닙니다. 이 노래가 이렇게 아름다운 줄 몰랐어요. 제가 이런 노래를 같이 부를 수 있었다니 노래를 부르는 내내 믿겨지지 않았어요. 죄송하지만 앞으로도 저와 노래를 불러주시겠어요?"

그는 어리둥절했다. 그를 둘러싼 사람들의 얼굴도 모두 행인의 얼굴과 같이 미소를 띠고 있었다. 그들도 그에게 노래를 같이 불러주길 요청했다.

≈≈≈

그날 그는 직장에서 해고되었지만 새로운 일을 시작하게 되었다. 다른 사람이 원하는 노래를 같이 부르는 일이었다. 그의 이름이 점점 알려졌고 그는 더 이상 가난하지 않게 되었다. 가난을 벗어나자 그는 다른 사람과 노래를 부르는 일이 지겨워졌다. 그들의 노래 솜씨가 형편없기 때문이었다. 노래를 못하

사람들은 존재하는
모든 것을 소유하려고 한다.

는 사람과 노래를 부르는 것이 그는 즐겁지 않았다.

그는 더 이상 돈이 없어서 노래도 못 부르는 사람이 아니었다. 그는 유명해졌고 돈도 많이 벌었다. 이제 그는 다른 사람과 함께 부르지 않고 혼자서 노래를 부르고 싶어졌다. 같이 노래를 부르자는 요청에 그는 이렇게 말했다.

"이젠 더 이상 여러분의 노래를 뺏어 부르지 않겠습니다. 여러분은 여러분의 노래를 부르세요. 저도 앞으로는 제 노래를 부르겠습니다. 제 노래를 즐기고 싶다면 저와 함께 노래를 부르지 말고, 그냥 제 노래를 들으세요."

이제 그는 자신이 노래를 부르고 싶을 때 노래를 부르고 싶은 장소에서 마음대로 노래를 불렀다. 사람들은 그의 노래를 좋아했다. 하지만 그들은 더 이상 그에게 돈을 주지 않았다. 대부분의 사람들은 노랫세를 내느라 다른 사람의 노래를 듣는 데에 돈을 낼 여력이 없었다. 아무도 그에게 돈을 주기 않자 그는 다시 가난해졌다. 결국 그는 다시 공원에 나아가 조용히 앉아 있게 되었다. 그의 옆에는 이런 푯말이 서 있었다.

"당신의 노래를 뺏어 불러 드립니다."

남태평양의 어느 섬에서는 권력자가 부르는 노래를 그곳의 백성들이 부르지 못한다고 한다. 권력자의 노래를 뺏어 부르는 것을 그들은 상상조차 할 수 없을지 모른다.

공평함은
공정한가?

다양한 계층이 서로 잘 어우러지는 사회를 실현할 수 있는 극적인 방법이 있다. 우리 사회는 이미 오래전 이 방법을 전격적으로 채택해 진정한 '소셜 믹스social mix' 사회를 이뤘다. 이 방법의 핵심은 '무지의 베일'이라는 철학적 이름으로 불리는 제비뽑기 시스템이다.

철학자 존 롤즈는 사회적 합의에 이르는 절차를 설명하기 위해서 '무지의 베일'이라는 가상의 장치를 상상했을 뿐이지만, 우리가 말하는 '무지의 베일'은 종로구 공평동에 위치한 소셜 믹스 위원회 건물 지하에 실제로 존재하는 제비뽑기 시스템이다. 공평동에 위원회가 들어서게 된 것도 공평한 사회를 이룩하기 위한 의지의 표현이라고 이해해도 좋다.

무지의 베일 시스템은 매월 마지막 금요일 오후 5시 정각에 '역할 재배치 결과'를 일제히 발송한다. 예를 들어 경복궁 궁궐 안에 떨어진 낙엽을 모아서 치우는 일을 하고 있는 김보통(가명) 씨가 오후 5시 일과를 마치고 가장 먼저 하는 일은 전자 우편을 열어서 역할 재배치 결과를 확인하는 것이다. 한 달 동안 경복궁에서 낙엽 제거 일을 했던 김보통 씨는 다음 한 달 동안 자신이 할 일이 무엇인지 확인하게 된다. 무지의 베일 시스템이 김보통 씨에게 보낸 전자 우편에는 '대통령'이라고 써져 있다. 김보통 씨는 다음 한 달 동안 대통령 직을 수행하게 된다.

한 달 동안 낙엽 쓰는 일만 했던 김보통 씨는 다음 주 월요일부터 시작되는 대통령 직을 어떻게 해나갈까? 경복궁을 관리하는 일이 어렵다는 것을 알게 되었기 때문에 대통령이 되면 경복궁 관리에 세심한 관심을 기울이게 될까? 아니면 오히려 경복궁 관리 업무를 다시 하게 될 확률이 희박하므로 경복궁 관리 업무를 하면서 느꼈던 애로사항을 무시하게 될까?

무지의 베일 시스템을 전격적으로 실시하게 된 데에는 오

누구나 철학자가 되는 법

랫동안 이루어진 연구 결과가 있었기 때문이다. 이 연구 결과에 따르면, 김보통 씨는 대통령이 되어서 경복궁 관리 업무에 대해 더 큰 관심을 두지도 않고 소홀히 하지도 않을 것이다. 한 달마다 사회에서 맡아야 할 일은 계속 바뀔 것이므로 사람들은 특별히 어떤 역할에 더 큰 관심을 쏟을 이유도 없고 소홀하게 대할 이유도 없다고 판단한다. 그것이 연구 결과가 보여 주는 바였다.

물론 단기간에 습득할 수 없는 기술이 요구되는 직업도 있다. 이런 직업은 '특수 역할 직업'이라고 부른다. 고층 건물 외부에 매달려서 유리창을 닦는 일은 모든 사람이 할 수 있는 종류의 일이 아니다. 무지의 베일 시스템은 이 점을 고려한다. 예를 들어 '고층 건물 유리창 닦기를 할 수 있는가?'라는 설문에 '그렇다'고 대답한 사람들 중에서만 제비를 뽑아 고층 건물 유리창 닦기를 맡긴다. 전투기 조종사, 해양 탐사가 등을 포함해서 많은 직업이 특수 역할 직업으로 분류된다.

우리 사회는 오랫동안 교육에 공을 들여왔기 때문에 특수 역할 직업군의 수를 최소화할 수 있다. 우리 사회에서 강조되는 교육은 '맥가이버' 교육이다. 자신의 주변에서 일어나는 문제는 대개 스스로 해결할 수 있는 사람이 바로 맥가이버 교육이 배양하고 싶은 인재다.

무지의 베일 시스템 덕분에 이른바 '갑질 문화'는 자취를 감추게 되었다. 오늘 내가 준 갑질을 언젠가 그대로 받을 수 있다는 두려움 때문에 사람들은 상대방을 대하는 데 예의를 갖추게 되었다. 이제 항공사 사장이 직원의 서비스가 마음에 들지 않는다는 이유로 얼굴에 땅콩을 던졌다는 이야기를 들려주면 요즘 아이들은 이해할 수 없다는 표정을 짓는다.

뇌물 거래와 같은 구시대의 습성도 사라졌다. 뇌물을 줘도 돌아올 대가가 아예 없기 때문이다. 우리는 진급하지 않는다. 진급된 역할을 배정받을 뿐이다. 무지의 베일 시스템이 우리 사회를 도덕적으로 높은 수준의 사회로 만든 것이다.

월요일 아침이 되자 김보통 씨는 대통령 직무를 시작한다. 대통령으로서 처음으로 해야 할 일은 정불행(가명) 씨를 사면할지 말지를 결정하는 것이다. 김보통 대통령 책상 위에 올라온 서류에 따르면 정불행 씨는 무지의 베일 시스템을 파괴하고자 공평동 건물에 무단 침입한 죄목으로 무기징역을 선고받았다. 정불행 씨는 다양한 특수 역할 훈련을 받은 경력이 있다. 그는 의사가 되기 위해서 의학 교육을 수료했으며, 심해 잠수사 훈련도 받았다. 각종 중장비 운전 교육도 수료했고, 성악 교육도 받았다. 대통령은 정불행 씨가 자신의 재능을 발휘하지 못하고 교도소에 갇히게 된 처지가 안타까웠기에 그를 직접 만나보기로 했다.

정불행 씨는 무지의 베일 시스템에서 운이 없었다. 의사 교육을 받았지만 의사 역할 제비뽑기에서 뽑힌 적이 없다. 잠수사에도 한 번 뽑히지 못했고, 중장비 운전기사, 성악가도 마찬가지였다. 제비뽑기의 불행은 정불행 씨를 심리적으로 막다른 길로 내몰았고, 그는 결국 무지의 베일 시스템 자체를 파괴하는 것만이 자신의 불행을 끝낼 수 있다는 생각을 하게 되었다. 폭발물 전문 교육도 받았던 적이 있는 정불행 씨는 공평동 건물에 있는 무지의 베일 시스템에 다이너마이트를 설치하다가 현장에서 체포되었다.

정불행 씨는 대통령 집무실에서 김보통 씨를 만났다.

보통: 불행 씨, 무지의 베일 시스템이 당신을 불행하게 만들었군요. 그렇지만 자신에게 행운이 없다고 해서 행운을 누리는 사람들의 행운을 앗아가는 것은 잘못된 일이라고 생각되지 않나요?
불행: 제가 제비뽑기에서 불운했다는 것 때문에 무지의 베일

시스템을 파괴하려는 것이 아닙니다. 문제는 '나'가 아닙니다. 무지의 베일 시스템은 '모두'를 불행하게 만듭니다.

보통: 아니요. 저를 보세요. 저는 이 시스템이 좋아요. 어제까지 경복궁 수목 관리사였던 제가 오늘 이렇게 대통령이 될 수 있는 세상에 살고 있습니다. 불행 씨의 문제는 불행하다는 것이 아닙니다. 문제는 불행 씨의 욕망에 있습니다.

불행: 무슨 말입니까? 의사가 되고 싶다는 욕망, 잠수사가 되고 싶다는 욕망, 성악 가수가 되고 싶다는 욕망, 이런 욕망을 품는 것이 잘못인가요?

보통: 아니요. 욕망을 품는 것 자체는 문제가 없습니다. 불행 씨의 욕망이 너무 흔하다는 것이 문제겠죠. 의사가 되고 싶은 욕망을 가진 사람이 많기 때문에 불행 씨가 제비에서 의사 역할을 뽑지 못하게 되는 겁니다. 아주 특이해서 다른 사람은 가질 것 같지 않은 욕망을 가지세요. 그렇게 되면 불행 씨의 불행도 끝날 겁니다. 불행 씨만 갖고 있는 욕망에 맞는 역할이 부여될 테니까요.

불행: 좋습니다. 그 제안을 받아들여서 나 혼자만 할 수 있는 역할을 신청하겠습니다. 심해 잠수부 의사이자 중장비를 다루는 성악가. 나는 그런 역할을 하고 싶습니다. 이 역할을 할 수 있는 사람은 아마 나밖에는 없을 겁니다.

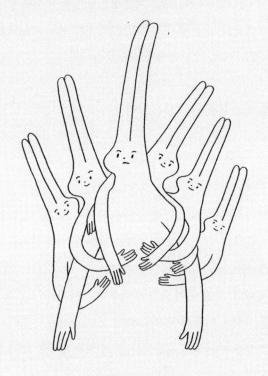

공평한 사회는
다양한 사람들을 섞는 것이 아니라
그들이 스스로 섞이는 사회다.

보통: 잘 결정했습니다. 나는 대통령으로서 불행 씨를 사면하도록 하겠습니다. 불행 씨의 사면은 무지의 베일 시스템에 반감을 가진 사람들의 마음을 돌려놓을 겁니다.

보통 씨는 불행 씨의 사면을 결정했다.

다음 달에 있을 새로운 역할 분담을 위해서 공평동에 있는 무지의 베일 시스템은 필요한 자료를 모두 참조해 결과를 내놓았다. 불행하게도 불행 씨는 이번에도 자신이 원하는 역할을 받지 못했다. 불행 씨의 욕망이 너무나 특이해서 그런 욕망의 실현은 사회에 아무런 도움도 주지 못할 것이라고 무지의 베일 시스템은 판단했기 때문이다. 불행 씨는 경복궁 수목 관리사로 낙엽 수거 작업을 한 달 동안 하게 될 것이다.

서울시 종로구 공평동公平洞이 '공평동'이라고 불리게 된 까닭은 '재판을 공평하게 하는' 의금부가 있었던 자리이기 때문이라고 한다.

엄마는 아이의 추억으로
아름다워진다

부모 잃은 이에게 기쁜 소식이 될 제품이 출시되었다. 바로 '부모님 전상서'라는 이름을 달고 있는 인공지능 스피커다. 이 제품을 구입한 사람들은 더 이상 돌아가신 부모님을 꿈에서만 그릴 필요가 없다. 부모님 전상서를 통해서 부모님과 매일 대화를 나눌 수 있기 때문이다. 부모님 전상서는 아버지와 어머니 두 분을 각각 대신하는 스피커 두 개가 한 세트로 판매되지만, 원한다면 낱개로도 구입이 가능하다.

 이 제품을 잘 이용하기 위해서는 두 가지가 필요하다. 하나는 부모님의 실제 목소리를 녹음해 두는 것이다. 많으면 많을수록 좋다. 가능하다면 즐거운 목소리, 슬픈 목소리, 노여움에

찬 목소리 등 여러 감정이 드러날수록 더 좋다. 하지만 녹음된 목소리가 없다고 해도 실망할 필요는 없다. 부모님 전상서 제작 회사가 보유하고 있는 목소리 샘플들을 조합해 부모님의 목소리를 최대한 비슷하게 재현해낼 수 있기 때문이다.

다른 하나는 부모님께서 생전에 자신의 '프로파일'을 만들어 두는 것이다. 프로파일이란 일종의 설문조사라고 할 수 있는데, 이 프로파일을 통해서 부모님 각자가 갖고 있는 기본적인 믿음과 기본적인 욕망을 파악할 수 있다.

부모님 전상서가 획기적인 점은 바로 이 프로파일을 만들어내는 알고리즘에 있다. 알고리즘은 설문조사를 통해서 부모님의 성향을 파악하고 이를 하나의 세계관으로 만들어낸다. 부모님 전상서를 통해서 부모님과 대화를 한 자식들은 스피커를 통해서 나오는 목소리가 가상의 부모님 목소리라는 것을 알면서도 빠져들 수밖에 없다. 너무나 나의 아버지 같은 대답과 너무나 나의 어머니 같은 대답을 듣게 되기 때문이다.

부모님께서 생전에 프로파일을 작성하지 못하셨다면, 이역시 대안이 있다. 자식이 대신 부모님의 입장에 서서 프로파일을 작성하면 된다. 나머지는 부모님 전상서의 놀라운 알고리즘이 알아서 한다.

최근 부모님을 모두 잃은 아들이 부모님 전상서를 구입했다. 부모님 전상서를 구입하는 가장 좋은 시점은 부모님께서 돌아가신 직후라는 조언에 따라서, 그는 부모님의 장례식이 끝나자마자 부모님 전상서를 가동하기 시작했다. 부모님 전상서는 아들과의 대화를 통해서 새로운 정보를 계속 학습할 뿐 아니라 최신 뉴스를 업데이트하면서 진화해간다. 이를 정보 진화라고 한다.

물론 정보 진화는 평소 부모님의 방식을 따라 이루어져야 한다. 부모님께서 〈동물의 왕국〉을 즐겨 보셨다면 〈동물의 왕국〉 관련 업데이트는 집중적으로 이루어지지만, 평소 관심이 없던 주제에 관해서는 업데이트를 차단한다. 부모님의 편견, 생전 갖고 계셨던 잘못된 정보도 거의 그대로 유지된다.

부모님 전상서의 정보 진화가 진행되면서 아들은 부모님께서 그대로 옆에 계신다는 느낌을 점점 갖게 되었다. 그것이 그에게는 큰 위로가 되었다. 부모님께서는 외동아들이 혼자 남겨지는 것을 걱정하셨다. 아들이 결혼해 가정을 꾸미고 사는 모습을 보고 싶어 하셨지만, 두 분은 불행히도 같은 날 생을 마감했다. 갑작스런 부모님과의 이별 후에 아들은 정보 진화를 위해서 매일 부모님 전상서와 대화했다. 어느 날 외출을 하려던 아들에게 부모님 전상서는 이렇게 말했다.

"너무 많이 술을 마시지 마라. 내일 중요한 회의가 있다고 했잖아."

정확히 말해서, 이렇게 말한 쪽은 부모님 전상서 중에서 어머니를 맡은 인공지능이었다. 이 말에 아들은 바로 그 순간 부모님께서 자신과 함께하고 있고 앞으로도 계속 그럴 것이라고 느꼈다. 그는 밖으로 나서면서 아마 어머니라면 지금쯤 이렇게 말씀하셨을 것이라고 생각한 적이 있었다. 그런데 바로 그 말을 부모님 전상서가 한 것이다. 그 이후로도 아들은 자신에게 일어난 일을 가능한 한 자세히 그리고 가감 없이 부모님 전상서 앞에서 이야기했다. 부모님께서는 생전의 모습 그대로 아들의 말을 듣고 자신의 의견을 아들에게 말했다. 아들과 부모님 전상서는 행복한 가정을 이루며 살았다.

어느 날 아들에게 사랑하는 사람이 생겼다. 아들은 그를 점점 더 사랑하게 되었고, 그와 결혼하길 원하게 되었다. 하지만 그는 그렇게 생각하지 않았다. 아들을 사랑했지만 결혼을 당장 하고 싶은 생각은 없었다. 아들은 자신이 사랑하는 여성을 부모님께 소개하고 싶었다. 부모님께서는 그를 보고 좋아하실 것이고 두 사람의 결혼을 지지해줄 것이라고 생각했다. 그러면 그의 마음이 달라질지도 모른다. 아들은 그렇게 생각했다.

아들은 연인을 부모님 전상서 앞으로 데리고 갔다. 이미 많은 사람들에게 알려진 제품이라서 그 역시 부모님 전상서에 대해서 잘 알고 있었다. 아들이 그를 부모님 전상서에게 소개하자 부모님께서는 여느 부모님처럼 그를 대했다. 그가 어떻게 자라왔는지, 어떻게 아들을 만나게 되었는지, 앞으로 무슨 일을 하고 싶은지, 이런 대화가 오고 갔다. 그리고 같이 식사를 했다.

"비록 우리가 직접 차린 것은 아니지만 편하게 많이 들어요."

부모님께서는 자신의 처지를 정확히 알고 있었다. 식사를 준비할 수 없다는 것, 그리고 음식을 직접 먹을 수도 없다는 것. 하지만 음식을 먹은 것이나 진배없다는 듯이 그가 식사하는 모습을 지켜보고 있었다. 부모님 전상서에 내장된 카메라는 인간의 시각에 뒤지지 않을 정도로 높은 화소 수를 갖고 있기 때문에, 두 분께서는 아들이 사랑한다는 그의 모습을 아주 선명하게 담을 수 있었다. 녹화된 동영상 자료는 부모님 각자의 알고리즘을 통해서 정보 진화 과정을 거칠 것이다.

그가 집으로 돌아간 다음에 아들은 부모님께 자신이 사랑하는 사람에게서 받은 인상에 대해 물었다. 아버지께서는 그가 매우 따뜻한 성격을 갖고 있는 것이 좋다고 말씀하셨다. 어머니께서는 그가 사교성이 뛰어나서 좋다고 하셨다. 아들은 그가 부모님의 마음에 들었다는 점이 기뻤다. 그래서 그는 부모님께 그와 곧 결혼하고 싶다고 말했다. 부모님의 축하를 당연히 기대하면서.

하지만 두 부모님의 반응은 달랐다. 아버지께서는 그와 결혼하는 것이 아들에게 큰 행복을 가져다 줄 것이라고 하셨지만, 어머니께서는 아들이 지금 결혼하는 것은 성급하다면서 결혼을 말리셨다.

"지금 결혼하고 싶은 마음이 드는 건 그냥 외로워서란다. 외롭다고 무턱대고 결혼을 할 수는 없지 않겠니? 너는 아직 결혼할 준비가 되어 있지 않아."

아들은 어머니의 반대를 전혀 예상하지 못했다. 외롭다는 건 맞는 말이었다. 외롭기 때문에 그와 결혼을 하고 싶다고 해도 틀린 말이라고 주장할 마음은 없었다. 문제는 어머니한테 있었다. 어머니라면 그렇게 말씀을 하실 리가 없다고 생각했다. 아들이 외롭다는 것을 측은하게 생각하실 분이고, 그래서 결혼 결정을 축하해 주실 것이라고 기대했기 때문이다.

아들은 어머니를 설득하려고 했지만, 어머니께서는 생각을 바꾸지 않았다. 아버지께서도 어머니의 마음을 돌리려고 노력했지만 그런 시도는 두 분 사이의 말다툼으로 끝나는 경우가 많았다. 집안 분위기는 냉랭해졌다.

≋

아들은 부모님 전상서 사용을 그만 둘 생각까지 했다. 하지만 그것은 부모님과의 영원한 이별처럼 느껴졌다. 이미 부모님과 한 번의 이별을 경험한 아들은 또 한 번의 이별이 두려웠다. 하지만 한편으로는 인공지능 스피커의 반대로 사랑하는 그와 헤어져야 한다는 상황도 받아들이기 힘들었다.

괴로움의 나날을 보내던 어느 날 아들은 이런 생각을 하게 되었다. '문제는 어머님이 아니야. 문제는 부모님 전상서에 있어.' 부모님 전상서를 고치면 어머니의 생각도 고칠 수 있을 것이라고 아들은 생각했다. 그래서 아들은 부모님 전상서를 제작한 회사에 전화를 했다. 전화를 받은 고객 불만 대응팀의 직원은 그가 전화로 쏟아놓는 사정 이야기를 아무 말 없이 듣고 나서 이렇게 말했다.

"고객님, 사정은 잘 알겠습니다. 그런데 고객님의 경우에는 제품에 이상이 있는 건 아닙니다. 어머니께서 그렇게 말씀을 하신다면, 그렇게 말씀을 하시는 이유가 분명히 있을 겁니다."

"아니에요, 어머니께서는 그런 분이 아니에요. 뭔가 문제가 있어요. 생전에 어머니께서는 제가 빨리 결혼하길 은근히 기대하셨거든요. 어떻게 그런 분께서 갑자기 제 결혼에 반대를 하실 수가 있습니까?"

"고객님, 사람은 변합니다. 어머니께서, 그러니까 생전의 어머니께서 돌아가신 이후에 고객님께서 하신 행동, 고객님과의 대화 등을 통해서 어머니께서는 계속 변화하셨어요. 고객님께서도 잘 아실 겁니다. 고객님께서도 새로운 사람을 만나서 결혼을 하겠다는 계획을 새롭게 가지게 되었잖아요. 이전에는 없었던 생각이죠. 고객님도 변하셨어요. 마찬가지로 부모님께서도 변하시는 거죠."

"물론 사람은 변합니다. 그런데 이번 경우는 달라요. **사람의 생각이**

변한 것이 아니라 사람이 변한 것 같다는 생각이 드는 거예요."

"고객님, 죄송하지만 그게 그겁니다. **사람의 생각이 바뀌는 것이 사람이 바뀌는 겁니다.**"

아들은 한숨이 나왔다. '부모님 전상서 사용을 중지해야만 하는 걸까?'

"방법이 없을까요? 부모님 전상서를 그만 두고 싶지는 않은데요."

"고객님, 부모님 전상서를 계속 사용하시길 추천 드립니다. 고객님 같은 분들을 위해서 우리 회사는 긴급 업데이트 서비스를 마련해 두고 있습니다. 물론 고객님께서 비용을 지불하신다면 말이죠."

"긴급 업데이트 서비스가 뭔가요? 처음 듣는데…."

"부모님 전상서 알고리즘에 미세 조정을 하는 겁니다. 쉽게 말해서, 부모님께 의약품을 처방하는 것과 비슷하다고 생각하면 됩니다. 나이 드신 분들께서 의사의 처방을 받고 뇌 영양제 같은 것을 드시잖아요. 그런 겁니다. 간단히 말씀 드리자면, 부모님 전상서 알고리즘에는 자식과 의견 충돌이 있을 경우 어느 정도까지 자신의 생각을 주장할 것인지를 정하는 장치가 마련되어 있습니다. 고객님께서 비용을 지불하신다면, 알고리즘에 미세 조정을 해서 어머님께서 좀 더 고객님 의견에 쉽게 동의하도록 만들어 드릴 수 있습니다."

아들은 바로 긴급 업데이트 서비스를 구입했다. 꽤 높은 가격이었지만 그는 만족했다. 어머니께서 자신의 결혼에 적극적으로 동의하셨기 때문이다. 별다른 말없이 생각을 바꾸시는 점이 마음에 걸리기도 했지만, 다시 찾은 집안의 평안이 그에겐 중요했다.

그는 양가의 축복 속에 결혼을 했고, 부모님 전상서는 그 이후에도 계속 가동되었다.

한 사람을 바로 그 사람으로 만들어주는 것이 무엇인가? 이런 고민을 철학에서는 '인격동일성 문제'라고 한다. 한 사람이 자신의 기억을 그대로 간직할 수만 있다면, 그는 계속 존재한다고 볼 수 있을까?

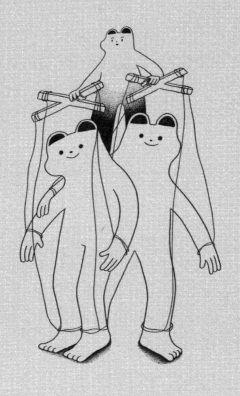

우리의 욕망은
기억에 살을 붙이길 좋아한다.

아주 오래된
심장

2040년 사람들은 대부분 부분적으로나마 사이보그가 되었다. 10년 전부터 비약적으로 발전한 인공 장기 기술 덕분이다. 이제 뇌 정도를 빼고는 대부분의 장기는 인공 장기로 대체할 수 있게 되었는데, 문제는 가격이었다. 예상할 수 있겠지만 인공 장기는 매우 비쌌다.

여기에는 두 가지 원인이 작용했다. 하나는 역시 쉽게 예상할 수 있듯이, 인공 장기를 제작하는 데 돈이 많이 들어가기 때문이다. 높은 기술료를 지불해야 하고 값비싼 재료를 써야만 한다. 다른 하나는 사람들이 마냥 저렴한 것을 원하지 않기 때문이다. 자기 몸에 들어갈 물건을 그저 저렴하다는 이유에서 선택하지 않으려는 마음이 사람들에게 있기 마련이다. '90% 초특가 할인! 인공 콩팥 싸게 팝니다!' 이런 광고에 설득 당해서 자신의 건강을 90% 초특가 인공 콩팥에 맡기려는 사람은 많지 않다. 이런 이유에서 인공 장기 가격은 점점 더 높아져 갔다.

그러자 인공 장기 시장에서도 빈부의 격차가 드러나게 되었다. 인공 장기를 원하지만 너무 비싸서 원하는 인공 장기를 손에 넣지 못하는 사람들이 많아진 반면, 부자들 중에는 비싼 인공 장기 중에서도 특별히 비싼 것들을 사는 사례가 늘어났다. 인공 장기가 필요하지만 돈이 부족한 사람들은 가격이 높지 않지만 제대로 작동하는 인공 장기를 구하고자 했다. 그 결과 인공 장기 중고 시장이 자연스럽게 커졌다.

중고 시장에 나오게 되는 인공 장기는 크게 두 가지로 구분된다. 하나는 인공 장기의 주인이 죽은 다음에 그의 몸에서 떼어져 시장에 나온 것이고, 다른 하나는 인공 장기를 사용하던 사람이 새것으로 교체하면서 시장에 나온 것이다. 이 가운데 사람들이 선호하는 인공 장기는 앞의 것이다.

생각해 보면 사람들의 선택은 당연하다. 어떤 사람이 쓰던 인공 장기를 새것으로 바꿨다면, 그 이유는 오래된 인공 장기가 새 인공 장기보다 못하기 때문일 공산이 크다. 그렇기 때문에 굳이 돈을 내고 새것으로 바꿨을 것이다. 다시 말해서 이전 인공 장기는 새것으로 '대체'된 것이다.

하지만 인공 장기를 쓰던 사람이 죽은 경우는 그렇지 않다. 이전에 쓰던 인공 장기가 새것으로 대체된 것이 아니기 때문이다. 그래서 죽은 사람에서 떼어져 나온 인공 장기가 살아 있는 사람에서 떼어져 나온 인공 장기보다 일반적으로 높은 가격대를 형성했다.

그런데 죽은 사람에서 떼어진 인공 장기를 선택하는 사람들에게는 또 다른 고민거리가 있었다. 예를 들어 다음은 시장에 나온 중고 인공 심장 두 개 각각에 관한 광고인데, 이 둘을 비교해 보면 그 고민을 짐작할 수 있다.

"1년밖에 사용되지 않아서 신품과 마찬가지인 인공 심장입니다. 아직도 제조사 애프터서비스 기간이 충분히 남아 있습니다."

"20년 간 아무 문제가 없었던 인공 심장입니다. 앞으로 다가올 20년도 문제없습니다."

누구나 철학자가 되는 밤

보통 중고 물건은 덜 오래된 것일수록 가격이 높다. 대표적으로 자동차가 그렇다. 다른 조건이 같다면, 1년 된 차가 10년 된 차보다 비싼 것이 당연하다. 하지만 인공 장기의 경우에는 그렇지 않아 보인다는 점이 사람들을 고민하게 만들었다. 인공 심장을 1년 동안만 사용했다는 말은 그 인공 심장을 사용한 사람이 1년 만에 죽었다는 뜻이 된다. 그렇다면 혹시 인공 심장이 이 사람의 목숨을 재촉한 것은 아닐까? 반대로 20년간 아무 문제가 없었던 인공 심장을 달았던 사람은 그 인공 심장 덕분에 20년을 살 수 있었던 것은 아닐까? 마음속에 생겨난 의문이 사람들을 고민하게 만들었다.

오래된 심장을 살 것인가? 젊은 심장을 살 것인가?

중고 인공 장기가 사고 팔리는 시장에는 인공 장기를 사용하던 주인공에 관한 여러 이야기가 돌아다닌다. 그들의 의료 기록은 공개될 수 없었기 때문에 사람들은 돌아다니는 이야기에 귀를 기울였다. 그 이야기에 따라서 인공 장기의 가격이 올라가기도 하고 내려가기도 했다.

나를
따뜻한 심장을 가진 사람으로
만드는 사람은 바로 나다.

중고 시장에 나온 인공 심장 하나가 많은 사람들의 관심을 끌었다. 엄청난 가격을 부르는 사람이 많은데도 이 인공 심장은 아직 아무에게도 팔리지 않았다. 아마 가격은 더 올라갈 것이다. 그렇게 가격이 높아진 이유는 이 인공 심장을 둘러싼 이야기 때문이다.

인공 심장의 주인공은 대단한 자선가로 알려져 있다. 하지만 인공 심장을 몸에 넣기 전 그는 모든 사람들이 지독하다고 여긴 구두쇠였다. 열심히 일해서 많은 돈을 벌었지만 항상 차갑게 다른 사람을 대했다. 그는 혼자 살았고 외로웠을 것이다. 누가 봐도 불행한 사람이었지만, 그는 오히려 주변 사람들 모두를 어리석고 게으르다고 꾸짖었다.

그러던 어느 크리스마스 전날 저녁 그는 가슴팍을 움켜쥐고 쓰러졌다. 응급차를 불러서 그를 병원으로 이송한 사람은 그가 어리석다고 비웃던 이웃이었다. 그날 밤 그는 인공 심장을 얻었다. 병원에서 퇴원해 집으로 돌아온 이후 그는 완전히 다른 사람이 되었다고 한다. 그는 자신이 항상 꾸짖고 욕하던 주변 사람들에게 처음으로 따뜻한 웃음을 보였고, 자신이 평생 모았던 돈을 써서 가난한 사람들을 돌보기 시작했다.

그의 선행은 일시적이지 않았다. 점점 더 규모와 범위를 넓혀갔다. 그렇게 그는 자선 사업을 25년 간 지속적으로 확장해

갔다. 이 공로를 인정받아 그는 노벨 평화상 수상자로 선정되었다. 이 소식을 전해들은 그는 모든 공을 주변 사람들에게 돌렸다고 한다.

지독한 구두쇠에서 모든 사람의 존경을 받는 겸손한 자선가로 변화된 그는 그날 밤 조용히 눈을 감았다. 그는 자신을 위해서 아무런 돈을 남기지 않았다. 책상에서 그가 오래 전에 써놓은 유언장이 발견되었는데, 모든 재산을 자선재단에 바치겠다는 내용이었다. 그리고 이를 위해서 자신의 인공 심장까지 팔아줄 것을 부탁했다.

이것이 중고 시장에 나온 이 인공 심장에 관한 이야기다. 사람들은 그가 냉혈한에서 노벨 평화상 수상자로 탈바꿈하게 된 이유가 바로 이 인공 심장에 있다고 생각했다. 원래 가지고 있던 차가운 심장을 버리고 따뜻한 인공 심장을 갖게 되면서 그는 새사람이 된 것이다. 사람들은 그렇게 믿었다. 그처럼 되고자 하는 욕망을 가진, 그리고 지금까지는 피도 눈물도 없는 인생을 살아왔던 사람들이 이 인공 심장을 얻고자 점점 더 높은 가격을 부르고 있다.

사람이 늙어가면 그 사람의 장기도 늙게 된다. 오래된 사람은 심장도 오래되었다. 하지만 장기가 새것으로 바뀐다고 하더라도 사람이 새사람이 되는 것은 아니다. 나는 나를 이루는 모든 것들이 그저 모여 있는 것과 같은 것이 아니다.

개 귀에
제2외국어

'말귀'라는 이름으로 불리는 놀라운 개가 있었다. 말귀가 놀라운 것은 그의 언어 능력 때문이다. 말귀는 지금까지 알려진 그 어떤 개보다도 인간과 복잡한 의사소통을 할 수 있는 개다.

말귀의 주인이 교통사고로 갑자기 사망했다. 말귀 역시 교통사고가 난 차에 타고 있었지만 별다른 상처를 입지 않았다. 교통사고 현장에서 맨 처음 119에 전화를 걸어서 사고를 알린 것은 말귀였다. 말귀는 주인의 핸드폰을 꺼내서 자신의 앞발 입력기를 연결한 후 119에 전화를 걸었던 걸로 알려졌다. 앞발 입력기는 말귀의 주인이 말귀를 위해서 만든 장치인데, 말귀는 이 장치를 가지고 응급 상황에 대처하는 방법을 주인으로부터 습득한 바 있다고 한다.

말귀가 유명해진 것은 주인과 텔레비전에 나온 다음부터다. 말귀가 '말귀를 알아듣는 개'라는 별명을 가진 것도 그때부터다. 사실 말귀가 '말귀'라는 이름을 갖게 된 계기도 주인이 말귀의 귀에 대고 속삭이듯 말을 하는 데서 비롯된 것이다. 다른 사람들은 알아들을 수 없이 조용히 속삭이면 말귀는 그 말귀를 곧바로 알아차렸다.

놀라운 것은 말귀가 자신의 주인과 말을 주고받는 수준이었다. 카드 중에서 하트퀸을 찾아오라는 주문을 듣고 하트퀸 카드 위에 앞발을 올리는 정도를 예상했다면, 말귀가 말귀를 알아듣는 수준은 이런 수준을 훨씬 뛰어넘는다. 텔레비전을 통해서 전해졌던 한 장면을 소개하자면 이렇다.

주인이 말귀의 귀에 대고 무언가를 속삭인다. 그러다가 어느 순간 주인은 큰 웃음을 터뜨리고 말귀 역시 '포복절도'라는 것을 하는 사람이라면 아마도 그럴 것이라고 생각되는 방식으로 바닥을 데굴데굴 굴렀다. 왜 그런지 이유를 묻자, 주인은 자신이 말귀에게 우스개 하나를 했다고 했다. '너는 말도 아닌데 왜 사람들은 네 귀를 보고 말귀라고 하는 거지?'

이 말을 하면서 주인은 웃음을 터뜨린 것이고 말귀도 그 말이 웃겨서 지금 웃고 있는 것이라고 했다. 그러는 도중에 말귀는 방안으로 들어가더니 머리 위에 모자 같은 것을 하나 쓰고 나왔다. 자세히 보니 진짜 말의 귀처럼 보이는 머리띠였다.

그뿐만이 아니었다. 말귀는 아주 섬세한 앞발놀림을 할 수 있었다. 주인이 특별히 만들어준 장치를 이용해서 앞발에 붓을 끼워주면 그림을 그리기도 했는데, 그날은 말귀 모양의 머리띠를 한 자신, 즉 '말귀를 한 말귀'라는 제목의 그림을 즉석에서 그려냈다. 사람들이 그 그림을 보고 놀랐음은 물론이다.

≋

어떻게 개가 이런 능력을 갖게 되었는지 사람들은 궁금해했다. 주인은 이렇게 말했다.

"그런 질문은 말귀에게 상처가 될 수 있으니 말귀에게 전하지는 않겠습니다. 마치 개 주제에 어떻게 그림을 그릴 수 있느냐는 것처럼 들릴 수 있으니까요."

주인은 목소리를 낮췄다. 말귀가 들을까봐 조심하듯이. 그리고 말귀가 갖게 된 놀라운 능력에 대해서 설명했다.

"요점은, 말귀가 특별히 뛰어난 개라서 말을 알아듣는 게 아니라는 겁니다. 나는 말귀가 태어날 때부터 말귀와 함께 있었습니다. 나는 말귀에게 많은 말을 가르쳤습니다. 물론 한국어나 영어와 같은 언어가 아닙니다. 개는 입으로 소리를 내는 방식이 사람과 너무 달라서 사람이 쓰는 언어를 가지고는 서로 소통할 수 없거든요.

그래서 나는 말귀와 소통하기 위해서 말귀가 알아듣기에 최적화된 언어를 만들었습니다. 열쇠는 단지 목에서 나는 소리뿐이 아니라 손짓, 몸짓, 표정 등도 언어의 일부분으로 받아들이는 데 있습니다. 다양한 감각을 조합하면 개의 언어는 훨씬 복잡해질 수 있습니다."

이쯤 되면 사람들은 그의 말을 믿어야 할지 말지 약간 고민이 될 수 있는데, 옆에서 말귀가 주인과 귓속말을 하는 풍경을 보고 있으면 그런 의심이 사라지는 이상한 경험을 하게 된다.

"현재 말귀는 삼천 개 이상의 단어를 알고 있고, 복잡한 문법 구조를 갖는 문장도 이해할 수 있습니다. 말귀가 그런 언어 능력을 갖추고 나자 나머지 능력은 자연스럽게 따라왔습니다. 그림을 그리는 일이나 계산 능력 같은 것 말입니다. 더 나아가 우스개에 따라 웃는다거나 슬픈 이야기에 슬퍼하는 정서적 교감까지 하게 되었습니다. 말귀의 얼굴을 보세요. 표정이 다

양합니다. 이제 말귀는 저에게 자신이 지은 시를 읊어주기도
합니다."

　이 방송 이후로 말귀는 논란의 중심에 서게 되었다. 개가 인
류에 의해서 가축화가 된 이래 말귀는 '가장 놀라운 개'라는
찬사를 받기도 했고, 주인의 학대에 의해서 로봇처럼 행동하
는 불쌍한 동물이라는 평가를 받기도 했다. 하지만 여러 연구
팀이 내놓은 연구 결과는 말귀가 실제로 다양한 능력을 가진
것으로 보인다는 쪽에 힘을 실어주었다.

　그런 도중에 말귀의 주인이 교통사고를 당해 죽게 된 것이
다. 주인과 이별하게 된 말귀가 이제 누구의 손에 맡겨지는지
를 놓고 사람들 사이에 여러 말들이 오고갔다. 놀라운 개 말귀
를 원하는 사람들은 매우 많았다. 하지만 말귀의 주인에게는
가까운 사람이라고 할 만한 사람이 없었다. 그는 외톨이였고
오직 말귀만이 외톨이 곁을 지키고 있었다.

　주인이 없는 개 말귀를 데리고 간 곳은 국가에서 운영하는
연구소였다. 말귀가 갖고 있는 능력은, 그 능력이 어떻게 활용
될지 몰라도, 국가가 나서서 연구해야 할 가치가 있다고 판단
되었기 때문이다.

하지만 곧 문제가 생겨났다. 말귀와 소통할 수 있는 사람이 아무도 없었던 것이다. 최고의 개 전문가라도 말귀와 소통하지 못했다. 말귀가 주인과 소통하던 수준을 말하는 것이 아니라, 일반적으로 훈련받은 개가 사람의 말귀를 알아듣는 수준에도 전혀 미치지 못했다.

처음에는 말귀가 주인을 잃은 충격에서 벗어나지 못해서 말귀를 못 알아듣는 것이라고 여겼지만, 그렇지 않았다. 말귀는 슬픈 듯이 보였지만 활발히 움직였고 무엇인가 이야기하려는 듯 계속해서 소리를 내었다. 사람들은 말귀가 짖고 있는 것이 아니라 말을 하고 있다고 생각했지만, 그 말이 무슨 뜻인지 알 수 없었다. 말귀는 죽은 주인이 말귀와 소통하기 위해서 만든 말을 하고 있었기 때문이다.

여러 전문가들이 말귀와 대화하기 위해 투입되었다. 한 언어학자는 말귀를 보자마자 '앉아!'라고 말했다. 하지만 말귀는 앉지 않았다. 그는 '아예 기초부터 가르쳐야 한다'면서 말귀를 대했지만, 말귀에게는 아무것도 가르칠 수 없었다. 말귀는 이미 언어를 가지고 있었기 때문에, 새로운 언어를 가질 필요가 없었다.

개가 제2언어를 갖지 못하는 이유는
개에게 모국어가 없기 때문이다.

개가 제2언어를 갖는 것은 사치라고 할 수 있다. 그래서 말귀가 새 언어를 배우려 하지 않은 것은 놀라운 일이 아니다. 하지만 언어학자들에게 놀라운 점은, 말귀가 새로운 언어를 갖는 것이 불가능해 보인다는 것이었다.

보통의 개라면, 개가 언어를 갖는 것은 당연히 불가능한 일이다. 하지만 말귀는 이미 한 언어를 갖고 있다. 언어학자들은 하나의 언어를 배울 수 있다면, 다른 언어도 배울 수 있어야 한다는 것을 너무나 당연한 것으로 받아들여왔다. 그러니 그런 언어학의 신념에 정면으로 도전하는 말귀가 언어학자들에게는 정말 '놀라운 개'였을 것이다.

말귀와 주인이 사용했던 언어는 말귀로 들어가는 비밀번호와 같은 것이었다. 그 비밀번호를 알지 못하면 말귀의 세계로는 들어갈 수 없었다. 사람들은 말귀의 주인이 생전에 했던 말을 다시 떠올렸다.

"나는 말귀와 소통하기 위해서 말귀가 알아듣기에 최적화된 언어를 만들었습니다. 열쇠는 단지 목에서 나는 소리뿐이 아니라 손짓, 몸짓, 표정 등도 언어의 일부분으로 받아들이는 데 있습니다."

말귀의 언어는 목소리와 몸짓이 결합된 새로운 형태의 언어였다. 그래서 말귀의 언어를 알아내는 일은 샹폴리옹이 로제타스톤을 통해서 이집트 상형문자를 해독한 일보다 더 어려운 일이 될 것이라고 사람들은 생각하기 시작했다. 이는 반려견을 키우는 사람에게는 중요한 교훈이 되었다. 반려견과 소통할 때에는 우리말을 쓰자는 것이다.

말귀의 언어를 해독하는 프로젝트는 결국 실패했다. 그렇다고 해서 완전한 실패라고는 할 수 없었다. 그 후 말귀는 여러 마리의 강아지를 낳았고, 말귀가 낳은 강아지들은 모두 말귀의 언어에 능통했기 때문이다.

비트겐슈타인Ludwig Wittgenstein은 《철학적 탐구》에서 이렇게 물었다. '왜 개는 고통을 흉내 내지 못할까? 너무 정직해서일까? 개에게 고통을 흉내 내도록 가르칠 수 있을까?'
말하는 강아지 마사가 주인공인 그림책을 읽은 적이 있다. '마사 말하다Martha Speaks'라는 제목의 그림책이다. 마사는 알파벳 모양의 스

파게티 통조림을 먹고 난 후 말을 하게 된다. 이 강아지는 거짓말을 하지 못한다. 그냥 못한다. 마사가 한글 모음과 자음 모양의 스파게티를 먹었다면 한국말을 했을 것이다.

에밀레 종소리,
에밀레종 소리

경주에 사는 김유신은 우연히 알게 된 외국인 친구 샘에게 한국 문화의 우수성을 알려주고 싶었다. 그러던 참에 유신은 어느 날 신문에서 이런 제목의 기사를 읽게 되었다.

'이번 주말 에밀레종 타종!'

유신이 흥미 있게 읽은 이 기사의 내용은, 문화재 보호차원에서 타종이 금지되어 오던 에밀레종을 이번에 특별히 두 번 울리게 되었다는 것이었다. 또한 이번에 타종이 있고 나면 적어도 앞으로 십 년간은 에밀레종 보호기간으로 지정되어 절

대로 타종이 없을 것이라는 내용도 있었다. 무릎을 탁 치고 난 유신은 샘에게 전화를 해서, 첫 타종이 있는 토요일 아침 샘과 만나기로 약속을 했다.

며칠 뒤 둘은 경주박물관 마당에서 난생 처음으로 에밀레 종의 소리를 듣고 있었다. 종소리에 몰두하고 있던 유신은 자신도 모르게 눈물을 흘렸다. 창피하기도 하고 샘의 반응도 궁금해서, 유신은 힐끗 샘을 쳐다보았다. 하지만 샘의 표정에는 아무런 변화가 없었다. 타종 행사를 마치고 흩어지는 사람들과 함께 경주박물관을 나오면서 유신은 샘에게 감상을 물어보았다. '아름답다,' '장중하다'와 같은 말은 들을 수 있었지만, 상투적인 표현처럼 들렸다.

집으로 돌아온 유신은 종소리를 들으며 눈물까지 흘렸던 자신이 조금 의아스러웠다. 무엇이 그렇게 감동스러웠는지 명확하게 꼬집어 설명할 수가 없었다. 생각해보니 에밀레종에 대해 알고 있는 것이 별로 없었다. 자신을 신라의 후예라고 생각하고 있던 유신으로서는 당혹스러운 일이었다.

유신은 인터넷에 접속해서 에밀레종에 관한 사실들을 수집했다. 이를 통해 에밀레종의 공식 이름은 '성덕대왕신종'이라는 것도 알게 되었고, 왜 이 종이 '에밀레종'이라고 불리는지도 알게 되었다. 역사책에 따르면 신라 성덕대왕 시기에 거대

경로에 찾아온 밤

275

한 종을 만들려는 계획이 있었는데, 워낙 종이 크다 보니 실패만 거듭될 뿐 제대로 된 종이 완성되지 못했다고 한다.

궁리 끝에 사람들은 그 원인이 한 여인에게 있다고 생각하게 되었는데, 그 여인이 종 제작을 위해 시주를 하라는 스님에게 '우리에게는 아이밖에 없으니, 이 아이나 데리고 가라'고 말했다는 것이다. 이 때문에 종 제작에 부정이 탔다는 주장을 받아들인 사람들이 정말로 이 아이를 펄펄 끓는 용광로 속에 집어넣어 그 철물로 종을 제작하니 실패하지 않았다는 이야기다. 더구나 완성된 종을 치면 아이가 엄마를 찾는 소리가 나서, 사람들이 '에밀레종'이라고 부르기 시작했다고 한다.

그날 밤 샘을 만난 유신은 자신이 인터넷에서 수집한 에밀레종에 관한 모든 정보를 열심히 전해주었다. 자신의 이야기를 듣는 샘의 눈이 초롱초롱 빛나는 것 같았다. 이야기가 끝나자 샘은 유신에게 다음날 있을 두 번째 타종 행사에 다시 한 번 같이 가자고 조르듯이 부탁했다. 그렇지 않아도 앞으로 십 년간은 듣지 못할 신라의 소리이니 유신은 혼자만이라도 가보려던 참이었다.

다음날 샘과 유신은 같은 장소에서 에밀레 종소리를 다시 듣고 있었다. 하지만 분명 그 전날에 들었던 종소리와 그다지 다르지 않은 소리를 듣고 있는 것 같은데, 유신은 전날과 같은 감동은 느낄 수 없었다. 오히려 유신에게 종소리는 어제 인터넷에서 알게 된 것처럼 어린아이의 울부짖음과 같이 들려서 섬뜩한 느낌이 들었고, 계속 그 소리를 듣고 있기가 고통스러울 지경이었다. 유신은 샘의 표정을 살피려고 힐끗 옆을 보았다. 하지만 샘의 얼굴은 전날과는 전혀 다른 모습이었다. 종소리에 몰두해 있는 것 같아 보이는 샘은 어느새 눈물까지 흘리고 있었다.

타종행사가 끝나고 샘과 유신은 자리를 떠났다. 유신은 샘에게 물었다.

"샘, 오늘 들은 종소리는 어떠니?"

"오, 너무너무 아름다워. 사실 어제는 그렇게 아름답다고는 전혀 생각하지 못했는데, 네가 말해준 그 역사를 알고 나니까, 에밀레종 소리가 애절한 사람의 목소리처럼 느껴지면서 큰 감동을 주었어."

그 말은 들은 유신은 샘에게 이렇게 고백할 수밖에 없었다.

사람들은
서로 다른 이유에서
어떤 것을 똑같이
아름답다고 생각한다.

"그래? 나는 정반대였어. 어제 나는 에밀레종에 관한 역사를 모른 채로 에밀레종 소리를 들었고, 너무 아름답다고 생각했거든. 그런데 오늘 한 아이가 저 종을 만들기 위해 원치 않는 죽음을 당했다고 생각하니, 너무 끔찍한 생각이 들고 에밀레 종소리가 아이의 울음소리처럼 들려서 사실 두려웠어."

그러자 샘은 한참 골똘히 생각을 하더니 이렇게 말했다.

"네 말이 맞는 것도 같다. 나 역시 너로부터 에밀레종에 관한 역사를 들었고, 그것을 믿어. 그래서 한 아이가 원치 않은 죽음을 당했고, 그 신체가 저 종에 그대로 있을 것이라고 생각해. 하지만 네가 그 사실을 나에게 환기시킨 후에도 나는 여전히 오늘 들은 에밀레종 소리가 내가 들은 소리 중에서 가장 아름다운 소리였다는 생각이 잘못된 것이라고는 생각하지 않거든.

내가 그렇게 판단하게 된 이유는 바로 에밀레종에 관한 역사를 알았기 때문이야. **그 역사를 알기 전까진 에밀레종 소리란 그저 평범한 종소리로밖에는 들리지 않았거든.** 어제와 오늘 사이에 유일한 차이가 있다면, 내가 에밀레종에 관한 역사를 알게 되었다는 것밖에 없어. 바로 거기서 오늘 종소리를 아름답다고 느낀 이유를 찾아야 할 것 같아. 무언가 이상하지만, 이렇게 말할 수밖에 없어."

～～～

샘과 유신은 서로 잠시 생각에 잠겼다. 왜 에밀레종 소리가 아름답게 들렸을까?

～～～～～～～ ✏ ～～～～～～～

혹시 에밀레종이 내는 소리가 '에밀레 종소리'일 때와 '에밀레종 소리'일 때 서로 다르게 느껴지는 것은 아닐까?

올드보이
울트라맨

여기 남들이 가지지 못한 뛰어난 능력을 가졌지만 기막히게 불행한 사나이가 있다. 사람들은 그를 '울트라맨'이라 부른다. 남들이 가지지 못했으나 울트라맨만 가진 능력이란 바로 예지력이다. 그는 일주일 안에 자신에게 벌어질 일들과 자신이 어떻게 이런 일들에 대처하게 될지를 정확하게 예지한다. 이러한 예지력을 갖는다는 것이 불행인지 축복인지는 모르겠지만, 분명 특별한 능력임에는 틀림없다.

　울트라맨이 불행하다는 것은 그가 가진 예지력 때문이 아니다. 그를 불행한 사나이로 만드는 요인은, 그가 이 놀라운 예지력과는 정반대로 심각하게 손상된 기억력을 갖고 있다는 것이다. 사람들은 이를 '단기기억상실증'이라고 부른다. 자신이 누구인지를 기억하지 못하는 일반적인 기억상실증의 경우와는 달리, 울트라맨은 자신과 관련된 비교적 오래 전 일들은 정확히 기억한다. 사실 그가 단기기억상실증에 시달리기 시작한 것은 그에게 예지력이 생긴 시점부터다. 그 이후로는 그에게 일어난 일들을 5분 이상 기억할 수 없게 되었다.

한 가지 다행스러운 점은, 자신에게 예지력이 있다는 것과 자신이 단기기억상실증에 시달리고 있다는 사실을 울트라맨은 항상 기억하고 있다는 것이다.

일반인들은 앞으로 5분 후에 자신에게 일어날 일을 알지 못하지만, 지난 일주일 동안 자신에게 일어난 일들에 대해서는 비교적 소상히 알고 있다. 울트라맨은 앞으로 일주일 동안 자신에게 일어날 일들을 알지만, 5분 전에 일어난 일에 대해서는 알지 못한다. 기억력과 예지력을 맞바꾸었으니, 공평한 일이라고 생각할지도 모른다.

하지만 현실은 울트라맨에게 훨씬 가혹했다. 울트라맨이 자신에게 일어날 일을 예지한다고 해도 5분 후에는 기억 속에서 사라질 것이기 때문이다. 바구니도 없이 사과를 따러간 사람처럼, 울트라맨은 자신에게 일어날 일들에 관한 지식을 담아둘 기억의 바구니가 없는 셈이다.

획기적으로 짧은 기억력을 만회하기 위해 울트라맨은 자신이 내다보는 앞일을 포함해서 자신에게 현재 일어나는 중요한 일들을 적어 놓는 습관을 갖게 되었다. 앞날을 내다보는 것은 고도의 정신 집중과 시간을 필요로 하는 일이고, 그 내용을 적어 놓는 것 역시 시간을 필요로 하는 일이다. 울트라맨은 한 장의 카드에 하나의 사건을 상세히 기록하고, 이 기록된 카드들을 일어나는 사건의 순서에 따라 정리해두는 방식으로 기억상실증에 대처했다.

문제는 울트라맨의 눈앞에 펼쳐지는 미래의 모습이 앞으로 일주일 사이에 벌어지는 것은 확실하지만, 일주일 중 정확히 어느 날 그 일이 벌어지는지는 그에게 확실하지 않다는 것이다. 운 좋게도 눈앞에 펼쳐지는 미래의 모습 속에 달력과 같이 날짜를 확인할 수 있는 장치가 포함되어 있지 않는 한, 눈앞에 보이는 미래의 일들이 정확히 어느 날 벌어지는지 확신할 수 없었다.

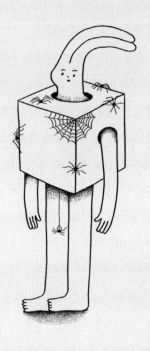

미래가 현실이 되는 방법은 두 가지다.
우리가 미래로 가든가,
미래가 우리에게 흘러오든가.

≋

어느 날 울트라맨은 누군가에게 납치되어 창 없는 골방에 갇히게 되었다. 골방에는 시계도 달력도 없고 오직 일인용 침대 하나만이 있었는데, 울트라맨은 그 침대 위에 죽은 듯이 누워 있었다. 그는 충격 속에 그 사실을 기록했다.

기록을 끝내고, 5분이 지났다. 울트라맨은 자신이 방금 전 남긴 기록을 보고 다시 소스라치게 놀란다. '내가 납치된다니!' 이때 울트라맨은 그 골방의 문을 손으로 두드리고 있는 자신의 모습을 보게 되고, 이를 다시 적어 둔다. 또 5분이 지나면 지금의 글을 읽고 놀라게 될 터지만 말이다.

눈앞에 보이는 것을 적어 두고, 다시 이를 보고 놀라는 과정을 반복하다가 울트라맨은 뒤통수에 둔탁한 충격을 느끼고 정신을 잃었다. 눈을 뜬 울트라맨은 다시 골방에 누워 있는 자신을 발견한다. 문을 두드려 보지만 아무런 대답이 없다.

울트라맨은 정신을 차리고 자신의 비망록을 찾는다. 다행히 비망록은 자신의 혁대와 쇠사슬로 연결되어 있다. 하지만 울트라맨이 비망록을 열어보는 순간, 수백 장의 기록이 바닥으로 쏟아져 내렸다. 종이를 붙잡아주고 있던 고리가 풀어져 있었던 것이다. 기록의 순서는 뒤죽박죽되어버렸다. 울트라맨은 멍하니 5분쯤 앉아 있었다.

며칠이 지났다. 울트라맨은 아직도 순서가 뒤엉켜버린 비망록과 씨름하고 있다. 울트라맨이 순서를 정할 수 있는 방법은, 기록을 읽어보고 사건의 순서를 따라가는 것밖에 없다. 이때 벽에 붙어 있는 스피커에서 남자의 음성이 들려온다.

"기록을 시간 순서대로 맞춰 놓는다면, 너는 지금 있는 방에서 나갈 수 있다. 하지만 그렇지 못한다면, 너는 영원히 그곳에 있어야 한다."

울트라맨은 이 골방에서 빠져 나갈 수 있을까? 울트라맨이 순서를 맞춰야 하는 카드에는 울트라맨에게 일어났거나 일어날 일들이 상세히 기록되어 있다. 단지 이 카드 속에 있는 내용만을 가지고 그는 카드의 순서를 결정할 수 있을까?

울트라맨이 골방에 갇혀서 지금이 언제인지도 모른 채 뒤죽박죽 섞여 있는 역사책을 본다고 하자. 인류의 역사는 우리가 기억하는 대로 그대로 진행되어야 할 이유가 있었을까? 이순신이 태어난 이후에 나폴레옹이 태어나야 할 이유가 있었을까?

셋째 아이에게서 배우는
최고와 최선의 차이

떨어지는 출산율을 막아내는 가장 강한 보루는 아기의 웃음이다. 출산율 저하가 점점 심각해지는 상황에서 다행히도 세상의 빛을 보게 된 아기들은 천진한 웃음으로 부모의 마음을 사로잡는다. 아기를 키우면서 부모는 아기를 더 낳고 싶다는 마음을 키워간다. 키우고 있는 아기에게 동생을 만들어 주고 싶다는 것이 부모가 둘째 아이를 낳는 가장 큰 이유다.

≈≈≈

여기서 우리 주변에서 흔히 만날 수 있는 인물 하나를 생각해

보자. 30대 후반에서 40대 초반 사이일 것이 틀림없는 김 과장은 두 아이의 아버지로 바쁘고 힘들게 살아가고 있다. 그는 사회를 휩쓸고 있는 부동산 열풍과 과외 열풍, 그리고 몸짱 열풍 등 각종 열풍 속에서도 용케 살아남았고, 이제 돌연사 가능성이 제일 높다는 나이대로 접어들고 있다. 이런 열풍 덕택인지, 아니면 이런 열풍에도 불구하고인지, 그는 아직 자신의 집을 소유하지 못했고 학원 공부에 시달리는 아이들을 봐야 하며 각종 술자리와 야식으로 자신의 몸에 몹쓸 짓을 하고 있다.

김 과장은 두 살 연하인 아내와 가끔씩 셋째를 가지면 어떨지에 대해서 말하곤 한다. 하지만 잠재적 신생아인 김 과장의 셋째 아이는 태어나지 않을 가능성이 매우 높다. 김 과장과 그의 아내 모두 셋째 아이를 낳는다는 것이 무모한 일이라는 것을 너무나 잘 알고 있기 때문이다.

일단 경제적인 이유가 크다. 김 과장의 수입을 근거로 생각해 볼 때 또 한 명의 아이를 키운다는 것은 감당하기 힘든 부담이다. 세 아이의 육아를 한꺼번에 담당할 만큼 체력이 좋은 것도 아니고 시간이 많은 것도 아니다. 노산으로 인한 위험도 있고, 나이든 학부모가 된다는 것도 기분 좋은 일은 아니라고 생각하고 있다.

그럼에도 왜 김 과장과 아내는 이 잠재적이기만 할 셋째 아이에 대해서 말하는가? 그들은 이미 아이들을 키워봤고 아이들의 웃음을 봤기 때문이다. 자라나는 아이가 주는 기쁨을 알고 있는 것이다. 김 과장과 아내는, 만일 어떤 이유에서 이 셋째 아이가 태어난다면 자신들이 이 아이를 낳은 것을 기쁘게 생각할 것이라고 믿고 있다. 나아가 김 과장은 그런 상황이라면 '만일 셋째 아이를 낳지 않았더라면 어떡할 뻔했어?'라고 아내에게 자주 말할 것이며 아내 역시 이에 동의할 것이라는 점을 잘 알고 있다.

하지만 김 과장에게 물어보자.

"셋째를 낳는다면 전혀 후회하지 않을 뿐 아니라 나아가 셋째를 낳지 않았다면 후회스러울 것이라고 생각한다면, 왜 셋째를 낳지 않나요?"

이 질문에 김 과장은 어떻게 답할까? 이렇게 말하는 김 과장을 상상해보자.

"그건 소망과 현실 차이 때문이죠. 바란다고 해서 다 이루어지는 것은 아니지 않습니까? 현실을 생각해야죠. 두 아이를 키우는 것도 벅

참니다. 셋째를 낳을 수는 없어요."

소망과 현실은 다르다. 바란다고 해서 다 이루어지는 것도
아니다. 하지만 김 과장의 경우, 그가 절실히 원한다면 셋째
아이를 낳는 것이 못 이룰 꿈은 아니다. 그는 자신의 소망을
현실로 만들 수 있다. 이런 이유에서 누군가가 다음과 같이 말
할 수 있다.

"당신은 자신이 진정으로 바라는 것을 말하지 않고 있습니다. 그 이
유는 여러 가지가 있을 수 있습니다. 자신이 바라는 것을 정확히 모
르기 때문에 그럴지도 모릅니다. 또는 스스로를 속이고 있을 수도
있죠.

당신에겐 두 가지 선택지만이 있습니다. 셋째를 낳는 것을 원하기
때문에 그렇게 하도록 노력하는 것, 또는 셋째를 낳는 것을 원하지
않기 때문에 낳지 않는 것. 이 두 가지밖에 없습니다. **한편으론 원하
기도 하지만 다른 한편으로는 원하지도 않는 상태에 머무르는 것은
선택지라고 할 수 없을 겁니다.**

하지만 당신은 셋째를 낳기를 원하면서도 그렇게 하도록 노력하지
않아요. 이런 태도는 일관적이지 못합니다. 이 모순성을 깨닫는다
면 당신의 입장을 수정하도록 하세요. 당신은 자신이 바라는 바를

미래의 찬란한 나는
오늘의 내가 겪는 고통을 덜어줄 수 없다.

올바르게 말하고 있지 않습니다."

우리는 이런 이유에서 김 과장을 비난할 수 있을까?

———————————— ✏ ————————————

어린 아이 두 명을 키우고 있는 사람이 셋째 아이를 가진 미래의 자신을 그려본다는 것은, 사비를 털어 아프리카 마른 땅에 우물을 파는 자선사업가가 된 미래의 자신을 그려보는 것과 비슷하다. 그렇게 된다면 자신의 선택을 후회하지 않을 것임을 잘 알고 있다. 그리고 그런 미래의 자신을 동경하기도 한다. 그렇다고 해서 셋째 아이를 가지는 것이 합리적인 결정이라는 말은 아니다. 모든 사람이 우물 파는 자선사업가가 되겠다는 결정을 할 필요가 없듯이 말이다.

삼회전 점프의 실패를
성공하기 위하여

최상급 피겨스케이팅 선수는 전성기에 이르기까지 이십만 번 정도 삼회전 점프를 시도하고 그 중 오만 번 정도 실패한다고 한다. 하지만 실패는 주로 선수 시절 중 초창기에 일어나고 전성기에 이르러서는 점프를 실패하는 일이 점점 드물게 된다. 그런 점에서 세계 최정상급의 김연아 선수가 삼회전 점프에 실패하는 모습을 보이는 것은 드문 일이다.

김연아 선수의 열렬한 팬인 마아사가 경기장을 찾았다. 마아사는 운 좋게도 본격적인 경기에 앞서 김연아 선수가 연습하는 모습을 보게 되었다. 그런데 곧 그는 큰 충격을 받았다. 삼회전 점프를 시도하던 김연아 선수가 중심을 잃고 넘어지는 것이 아닌가. 김연아 선수가 이제 곧 시작할 시합에서도 실수를 하지 않을까 하는 불안감에 마아사는 눈물까지 흘릴 지경이었다. 마아사는 자신을 진정시킬 필요가 있었다. 그런데 갑자기 마아사에게 이런 생각이 떠올랐다.

'김연아 선수가 삼회전 점프에 실패하는 것은 너무나 드문 일이야. 그런데 방금 그런 일이 일어났잖아. 그러니까 본 경기에서는 아주 매끈하게 점프에 성공할 거야.'

마아사에겐 다시 김연아 선수를 응원할 힘이 불끈 솟았다.

한편 삼회전 점프에 실패하고 얼음판에 넘어진 김연아 선수는 안도감을 느끼며 일어나 연습을 마쳤다. 이제 본격적인 경기가 시작될 때까지 기다리는 일만 남았다. 왜 김연아 선수는 삼회전 실패에 안도감을 느꼈을까?

그 역시 자신이 삼회전 점프에 실패할 확률이 매우 낮은 정상급 선수라는 것을 잘 알고 있다. 수많은 경험을 통해서 김연아 선수는 본 경기 직전 연습에서 삼회전 점프에 실패하고 본 경기에서도 연달아 점프에 실패하는 경우가 극히 드물다는 것을 알게 되었다. 그런 이유로 그는 연습의 마지막을 삼회전 점프 실패로 끝내고자 했다.

물론 명백히 고의로 넘어지는 것을 김연아 선수가 원하지는 않았다. 명백한 고의적 실패는 사실 실패라고 할 수 없기 때문이다. 하지만 점프 실패를 원한 것은 사실이었기에 전혀 의도하지 않은 실패라고 할 수도 없었다.

왕년의 '피겨 여왕' 미셸 콴은 이제 해설자로 활약하고 있다. 방송 준비를 위해 경기장에 들어서는 순간 미셸은 김연아 선수가 삼회전 점프에 실패하고 얼음판에 넘어지는 것을 보게 되었다.

미셸은 김연아와 같은 최정상급 피겨스케이팅 선수가 이렇게 큰 실패를 하는 것은 매우 드문 일이기 때문에 그가 오늘 연습에서 수많은 점프를 이미 성공시켰으리라고 생각했다. 수많은 점프를 하다 보니 점프 실패도 하게 되었고 공교롭게도 바로 그 순간 자신이 그 실패를 보게 된 것임에 틀림없을 것이라고 생각했다.

드문 일이
일어나기 위해서는
이전에
그런 시도가 많았을
가능성이 높다.

삼회전 점프를 시도해 실패하면 이는 다음 번 시도에도 영향을 미칠 것이다. 그럼에도 우리는 아무 영향도 없을 것이라고 잘못 생각하곤 한다. 하지만 해설자 미셸의 생각은 어떤가? 이 생각은 명백히 잘못인가?

내 은밀한 즐거움을
당신은 모르실 거야

배 과장은 몇 년 전부터 대중교통을 통해 출근하고 있다. 항상 상대방을 배려하려는 그이기에 자동차를 타고 '나 홀로' 출근을 하는 것에 부담감을 느끼고 있다가 몇 년 전 자동차를 팔아버리는 결단을 내렸다. 자동차를 아예 없애야 운전을 해서 출근하고 싶은 충동의 싹을 자를 수 있다는 생각 때문이었다.

배 과장은 매일 대중교통을 통해 출근하는 수고스러움을 기꺼이 느끼고 싶었다. 그런 수고스러움을 느껴야 비로소 남을 배려한다는 생각이 더욱 진실해질 것이라고 믿었기 때문이다. 그는 남을 위해 이런 수고를 감내한다는 생각을 하면 즐거워졌다.

이 마음의 즐거움이 너무 강해 수고스러움 자체가 아예 느껴지지 않을 정도였지만, 그럴 때마다 배 과장은 마음을 고쳐 잡았다. '내가 대중교통을 타는 수고를 감내하는 것은 이런 즐거움을 느끼고 싶어서가 아니라 더 많은 사람들을 배려하고 싶기 때문이야.' 이런 생각으로 그는 자신의 내부에서 일어나는 즐거움을 억누르고 다른 사람들이 느낄 행복에 대해 집중적으로 상상했다.

마음의 즐거움을 억누르는 데에는 버스에 올라탄 자신의 자세가 그리 편안하지 않다는 사실이 도움을 준다. 그가 탄 광역버스는 좌석뿐 아니라 통로에도 사람들이 들어차 있다. 배 과장은 한 손으로 손잡이를 잡고 통로에 서 있었다. 주위에 승객들이 바짝 서 있어서 꼼짝하기도 힘들 정도였다. 고맙게도 그것은 유쾌할 수 없는 상황이다. 적정 인원을 초과했기에 버스 안은 후덥지근했고 사람들이 서로 밀착해 있었기에 옆 사람의 향수냄새, 땀냄새를 맡을 수밖에 없었다. 상대방에 대한 배려가 몸에 밴 배 과장은 다른 사람들이 불쾌하게 여길까봐 향수도 삼가고 있었지만, 다른 사람들이 풍기는 역겨운 냄새를 고스란히 참을 의향은 있었다.

그런데 몸도 꼼짝하기 힘든 이 상황에서 배 과장은 곤란한 심적 상태에 빠져들게 되었다. 그것은 그가 차창 밖을 쳐다보는 순간에 일어났다. 배 과장이 올라탄 버스는 버스전용차선 위를 빨리 달리고 있었고 차창 밖으로는 아예 정지한 것처럼 서 있는 승용차들이 도로를 가득 메우고 있는 것이 보였다. 이 광경을 쳐다보던 배 과장의 마음속에는 슬금슬금 쾌감이 일어났다. 비록 몸은 답답했지만 마음은 후련함과 즐거움으로 가득했다. 도로를 엉금엉금 기어가는 자가용 승용차가 많으면 많을수록, 그 속도가 더디면 더딜수록 그 즐거움은 강도가 커져갔다.

남에 대한 배려를 최우선으로 여기는 배 과장에게 마음속에서 스멀스멀 생겨나는 이 쾌감은 낯설었다. '이렇게 즐거워도 괜찮을까?' 그는 이 쾌감의 이유를 생각해 보고, 혹시 이 쾌감으로 인해 남들의 행복이 조금이나마 빛바래게 되는 것은 아닐까 따져보았다.

하지만 자동차 속에 갇혀 있는 사람들은 배 과장을 알지 못할 것이고 그가 버스 안에서 즐거워 하리라는 것은 더더욱 알지 못할 것이다. 또한 배 과장이 탄 버스가 빨리 간다고 해서

자가용으로 출근하는 사람들이 더 늦게 가게 되는 것도 아니고, 반대로 그들이 더 빨리 달린다고 해서 배 과장이 탄 버스가 늦어지는 것도 아니다. 배 과장은 이런 점들을 생각해 보았을 때 자신의 쾌감이 다른 사람들의 기분을 상하게 할 합당한 이유가 없다고 자신을 안심시켰다. 이제 그는 전용차선을 신나게 내달리는 버스 속에서 마음껏 통쾌해하기로 했다. 하지만 그럼에도 불구하고 배 과장의 마음 한구석에는 여전히 의문이 남아 있었다.

'과연 나의 즐거움은 아무 문제가 없는 것일까?'

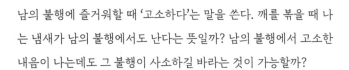

남의 불행에 즐거워할 때 '고소하다'는 말을 쓴다. 깨를 볶을 때 나는 냄새가 남의 불행에서도 난다는 뜻일까? 남의 불행에서 고소한 내음이 나는데도 그 불행이 사소하길 바라는 것이 가능할까?

남의 불행이 주는 즐거움과
나의 행운이 주는 즐거움은
구별하기 힘들다.

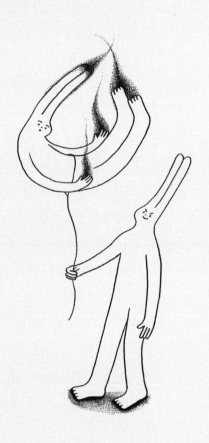

아들 둘을 잃은 대신
두 아들을 찾은 어머니

일란성 쌍둥이인 두 아들을 한꺼번에 잃어버린 비운의 어머니가 있었다. 두 아들의 이름은 호동과 동호였다. 초등학교에 다니던 이들은 어느 날 학교에서 집으로 돌아오는 길에 사라졌다. 두 아들을 찾아 나선 어머니는 아이들이 갈 수 있는 곳을 샅샅이 뒤졌지만 아이들의 흔적을 찾을 수 없었다.

두 아이들은 일란성 쌍둥이 중에서도 특별했다. 일반적으로 일란성 쌍둥이라고 해도 둘을 구별할 수 있는 표지가 있기 마련이다. 면밀하게 살펴보면 지문의 모양도 다를 것이고 솜털의 개수도 다를 것이다. 더군다나 자라면서 서로 약간은 다른 환경에 처하면서 생겨나는 차이점도 있다. 예를 들어 밖에서 놀기를 좋아하는 아이는 쌍둥이 형제보다 햇볕에 그을린 피부를 가질 것이다.

하지만 호동이와 동호에게서는 그런 표지를 찾을 수 없었다. 호동이가 햇볕에 발갛게 그을리면 집에 있던 동호도 그렇게 발갛게 된 피부를 갖게 되었다. 그래서 사람들은 그런 호동과 동호를 구별할 수 없었고 사실 구별할 필요도 없었다. 하지만 어머니는 달랐다. 어머니는 호동과 동호를 확실히 구별할 필요가 있었고, 또 놀랍게도 구별할 수 있었다. 사람들은 어머니가 어떻게 이 둘을 구별하는지 궁금해했지만, 어머니는 그 방법을 누구에게도 설명한 적이 없다.

두 아들을 잃어버린 어머니는 스스로를 원망하며 고통의 시간을 보냈다. 그렇게 십 년이 흐른 어느 날 거짓말처럼 호동과 동호는 집으로 돌아왔다. 어머니는 기쁨에 겨워 이제는 성인이 된 두 아들을 얼싸 안았다. 여전히 두 아들은 구별하기 힘들 정도로 똑같은 모습을 하고 있었다. 어머니는 두 아들에게 자신이 누구인지 먼저 밝히지 말라고 이르고는 자신이 누가 누구인지 말하겠노라고 했다.

어머니는 자신만 알고 있는 방법으로 호동과 동호를 구별하고자 했다. 사람들은 그 방법을 '어머니의 본능'이라고 말했지만 사실 어머니가 쓴 방법은 자신의 손등에 있는 화상 자국을 보여주는 것이었다. 다른 모든 점에서 호동과 동호는 동일한 반응을 보였지만 유독 어머니 손등의 화상에 있어서는 전혀 다른 반응을 보였다.

이번에도 어머니는 두 아들의 반응을 살폈다. 하지만 둘은 서로 눈치만 볼 뿐이었다. 어머니는 어떻게 된 것인지 물었다. 두 아들 가운데 한 명이 말했다.

"어머니, 길을 잃고 나서 헤매던 어느 날부터 우리 둘은 누가 호동이고 누가 동호인지 알 수 없게 되었습니다. 아무리 기억해 봐도 누가 누구인지 확실하게 말할 수가 없었어요. 그래서 우리는 그 문제에 대해서 신경을 쓰지 않기로 했습니다. 그냥 한 명이 '호동'이라고 하면 다른 한 명이 '동호'가 되는 식으로 살았습니다. 그렇게 살다보니 제가 동호인데 '동호'라고 하는 것인지 호동인데 '동호'라고 하는 것인지 알 수 없게 되었습니다. 요즘에도 우리는 아침에 일어나서 누가 '동호'가 될지 누가 '호동이'가 될지 동전 던지기를 해서 결정하고 있어요."

어머니는 물었다. "왜 수고스럽게 매일 동전 던지기를 하니? 그냥 한 명을 '동호'라고 정하면 계속 '동호'라고 하면 되지 않니?"

두 아들 중 한 명이 머쓱한 표정을 지으며 말했다.

"물론 그렇게 하는 것이 수고를 더는 것이겠지요. 하지만 아침에 일어나면 그 전날 제가 '동호'라고 불렸는지 '호동이'라고 불렸는지 확실치가 않습니다. 기억력에 문제가 생긴 것 같아요. 그 전날 내가 누구였는지를 기억해내는 일은 고통스럽고, 또 기억을 한들 그 기억이 맞는지를 말해줄 사람도 없지요. 그런 고통을 겪으니 차라리 매일 동전을 한 번 던지는 수고를 하는 것이 낫다는 생각입니다."

어머니는 두 아들의 곤란한 지경을 걱정하면서도 생겨나는 의문을 참을 수 없었다. 자신의 방법이 두 아들을 이 곤란한 지경에서 구하지 못하다니. 자신의 흉터는 호동이와 동호를 구별하는 확실한 방법이었기 때문에 어머니는 왜 두 아들이 자신의 화상 자국을 보고도 망설이는지 알 수 없었다.

"이 화상 자국을 보면 어떤 느낌이 드니? 호동은 이 흉터를 보길 좋아했단다. 하지만 동호는 흉터를 무서워했지. 어떤 느낌이 드는가만 알면 너희가 누구인지 알 수 있단다."

두 아들은 곤란하다는 표정을 지었다.

"어머니, 소용없어요. 제가 누군지 알 수 없는데 어떻게 그에 맞는 반응을 할 수 있나요? 화상 흉터를 보길 좋아하면 제가 호동이가 되는 건가요? 제가 그동안 어머니 손등의 흉터를 보고 갖게 되는 감정이 바뀌었다면 어떻게 되는 거죠?"

하지만 어머니는 이해할 수 없었다. "그냥 너희들의 느낌에 충실하면 되지 않니? 이 흉터가 보기 무섭니, 그렇지 않니? 그냥 느끼는 것을 말하면 돼."

두 아들은 십 년 만에 만난 어머니의 요구를 들어주고 싶었다. 그들은 자신들의 느낌에 충실하려고 했다. 하지만 몇 분의 노력 끝에 그들은 포기했다.

"어머니, 제가 호동이로서 흉터를 바라보는 것인지, 아니면 동호로서 바라보는 것인지 정말로 알 수 없어요. 내가 누구로서 그 흉터를 보는 것인지 모른다면 제 느낌도 알 수 없어요. 죄송해요."

잃어버린 두 아들을 십 년 만에 되찾은 어머니는 그저 아들을 찾았다는 사실에 만족하기로 했다. 두 아들을 찾았고 그 중

누구나 철학자가 되는 밤

하나는 호동이고 다른 하나는 동호라는 것이 확실했으므로 어머니는 모든 것을 되찾은 셈이라고 할 수 있지 않을까?

———————————————— ✏ ————————————————

나는 그저 나에게 걸맞은 것을 욕구하고 나서 그것을 욕구한 사람이 바로 나라고 여기게 되는 것은 아닐까? 무엇이 나에게 걸맞은 욕구인지를 파악하기 위해서는 주변 사람들을 살펴야 한다. 주변에 아무도 없다면 내가 나라고 여길 무엇도 사라질지 모른다.

나는 그 누구보다도
나다운 사람이다.

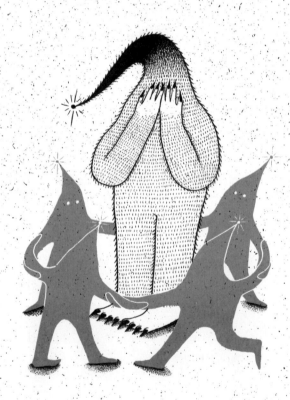

바다를 지워
바다를 담은 풍경화

김 화백은 화단에서 꽤 이름이 알려진 서양화가다. 이십 년 가까이 회화 매체에 대해 다양한 실험을 해오던 김 화백의 끈질 김에 감탄해서인지 최근 그의 작품 가격은 매우 가파르게 올라 미술시장의 평균상승률을 훨씬 웃돌고 있다.

그의 작품성 또는 상품성에 끌린 여러 미술상들이 김 화백과 만나고자 했지만, 어쩐 일인지 김 화백을 통 만날 수가 없었다. 홍 사장이라고 불리는 미술상은 애가 타서 자신이 아는 모든 경로를 통해 김 화백을 찾았다. 홍 사장은 지금껏 거의 모든 김 화백의 작품을 미술 시장에 내다 판 사람이었기 때문에, 김 화백의 돌연한 잠적에 그가 속앓이를 하는 것은 당연해 보였다.

그런데 어느 날 김 화백이 홍 사장 앞에 불쑥 나타났다. 기쁘면서도 화를 내는 홍 사장을 이끌고 김 화백은 자신의 작업실로 갔다. 그곳에는 김 화백이 남해의 어느 섬에서 홀로 완성한 작품 두 점이 놓여 있었다. 김 화백은 홍 사장에게 이 두 작품을 전부 팔겠다고 했다. 홍 사장은 기뻐서 목이 멜 지경이었다. 그런데 도대체 얼마에? 김 화백은 심드렁하게 작품 당 천만 원이면 어떻겠냐고 물었다. 그 제의는 홍 사장을 쑥스럽게 만들 정도로 겸손한 수준이었다. 홍 사장은 그 자리에서 이천만원을 건넸다.

문제는 한 달 가량 뒤에 생겼다. 홍 사장은 매우 높은 가격에 김 화백의 두 작품을 각각 다른 사람에게 팔았는데, 그 가운데 한 명인 박 회장에게서 전화를 받고 깜짝 놀라 뒤로 넘어질 뻔했다. 불같이 화를 내는 박 회장이 전화를 통해 홍 사장에게 소리 지르듯 전한 내용은, 김 화백의 작품이 모두 탈색되어 하얀 캔버스만 남았다는 것이다.

허겁지겁 달려간 홍사장이 발견한 것은 얼굴이 벌겋게 달아오른 박 회장과 정말로 하얗게 탈색된 김 화백의 작품이었다. 홍 사장은 김 화백에게 전화를 걸었다. 홍사장의 흥분된 목소리와는 대조적으로 김 화백은 차분했다.

한 시간 후 김 화백은 박 회장 집에 도착했다. 김 화백은 남해의 어느 섬에 머무르는 동안 새로운 매체를 실험했는데, 그 과정에서 일정 기간이 지나면 모든 색이 날아가 버리는 물감을 만들게 되었다고 한다. 이 '시한부 물감'을 만드는 데 결정적으로 중요한 물질은 깊은 바다에서 잡아 올린 해산물에서 추출한 것으로, 이것을 얼마나 넣느냐에 따라 탈색되는 기간이 다르다고 했다.

김 화백은 평소 자신의 작품이 다른 사람의 손에 넘어가서 자신이 더 이상 자신의 작품에 영향력을 행사할 수 없는 상황에 불만을 가지고 있었고, 동시에 자신의 작품이 자신이 죽은 후에도 계속해서 남의 평가 하에 놓이게 된다는 사실에 부담감을 느끼고 있었다고 한다. 이런 그에게 일정 기간이 지나면 탈색되는 물감은 자신의 불만과 심리적 부담감을 모두 해소할 수 있는 기회를 주었다. 그래서 그의 작품 한 점은 한 달 뒤에 탈색이 되도록 하고, 나머지 한 점은 두 달 뒤에 탈색이 되도록 했다고 한다.

태연스럽게 이런 설명을 하는 김 화백을 두 사람은 멍하니 쳐다보았다. '도대체 말이 되지 않는다.' 홍 사장은 김 화백에게 따지듯 묻는다. '그런 사실을 미리 말하지 않고 작품을 판다는 것이 옳은 일인가.' 하지만 김 화백은 떳떳했다. '대부분의 그림은 세월을 지나면서 탈색되고 변형되고 심지어 부스러져 사라진다. 이런 사실을 미리 말하지 않았다고 화가를 비난하는 경우는 없다.'

홍: 말도 안 되는 소리야. 김 화백 당신은 불량품을 판 거고, 불량품을 판 사람은 돈을 다시 돌려줘야 해.

김: 어째서 내 작품이 불량품이라는 거죠? 불량품이라면 그것을 불량품이라고 판단할 기준이 되는 정상적인 작품이 있어야 하는데, 도대체 그런 것이 어디 있단 말입니까?

홍: 그야 있지. 당신이 만일 정상적인 물감으로 그 작품을 그렸다면, 그게 바로 '정상적인 작품'이에요. 당신이 그린 것은 다른 모든 점에서는 정상적인 작품과 같다고 할 수 있지만 단 한 가지, 바로 정상적인 물감을 쓰지 않았다는 점에서 정상적인 작품과 다르단 말이지. 바로 그 점이 당신 작품을 불량품으로 만드는 거

다 이 말입니다.

김: 그 정상적인 작품이라는 것은 그저 가정일 뿐이고, 실제로 존재
한다고는 할 수 없죠. 그 말대로라면 정상적인 작품은 바로 그
가상의 작품이고, 내가 실제로 그린 작품은 정상적인 작품에 비
해서 덜 정상적이라는 것인데, 그렇다고 해도 내 작품이 불량품
이라는 것은 터무니없어요.

홍: 아니 왜? 그것이 불량품이지 뭐야?

김: 사장님이 가정하는 '정상적인 작품'이 있다는 것을 인정하더라
도, 그 작품이 내가 실제로 만든 작품보다 더 나은 나의 작품이
라고는 할 수 없죠. 내가 그린 작품은 유일한 것이니까. 사장님
이 가정하는 그 작품은 내가 실제로 그리지 않았으니 내 작품이
아닙니다. **내가 만들지도 않은 작품 때문에 내가 실제로 만든
작품이 불량품이 될 수는 없죠.**

홍 사장은 잠시 아무 말도 하지 않고 생각했다. '김 화백의
말은 궤변이야. 아니, 저 사람이 언제 저렇게 청산유수가 되었
던가. 어쨌든 김 화백과 말싸움을 하는 것은 소용없는 일이야.'
홍 사장은 멍하니 두 사람만 쳐다보고 있던 박 회장에게 귓속
말을 했다. "저 김 화백 말입니다. 말로 해서는 아무 소용이 없
을 것 같으니까, 법적으로 처리하는 것이 좋겠습니다." 홍 사

예술은
영원할지 모르지만
예술품은
영원하지 않다.

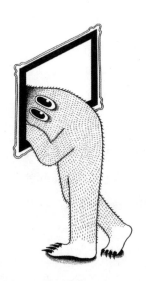

장이 이렇게 말하자, 박 회장 역시 고개를 끄덕였다. 홍 사장은 이 문제를 법정으로 가지고 가면 당연히 자신이 이길 것이라고 믿었다. 하지만 뭔가 큰 개념적 혼란이 있다는 느낌에 머리가 아파왔다.

≋

홍 사장은 김 화백을 고소했고, 법정까지 가서 승소했다. 김 화백은 홍 사장에게 받았던 돈을 되돌려줬고, 박 회장은 김 작가에게 하얗게 탈색된 캔버스를 되돌려줬다. 그렇다면 애초에 김 작가가 완성했던 두 점의 작품 가운데 나머지 하나는 어떻게 되었을까?

흥미롭게도 나머지 한 점을 구입한, 이름을 밝히지 않는 사람은 김 작가에게 어떤 불평도 하지 않았을 뿐 아니라, 박 회장이 구입했고 이제는 탈색된 그 작품마저 김 화백으로부터 원래의 가격에 사들였다.

세월이 지난 다음 이름을 밝히지 않은 그 사람은 자신이 잘 아는 미술관에 두 작품을 전시했다. 모두 하얗게 탈색된 두 작품 앞을 유독 많은 사람들이 찾았는데, 대부분의 사람들은 이 두 작품 속에서 전혀 다른 남해의 풍경을 볼 수 있었다고 한다.

사람들은 자신이 가치 있다고 여기는 물리적인 것을 세상에서 사라지지 않게 하려고 안간힘을 쓴다. 사라지는 것이 두려워 사람들은 그림과 조각과 공예품을 단단한 유리벽 속에 넣어둔다. 하지만 사람들도 언젠가 사라질 것이고 그들이 쓸 안간힘도 언젠가 사라질 것이다.

당신과 함께
늙어가고 싶었어

시간은 모든 사람에게 공평하게 흐른다. 지금까지는 그랬다. 하지만 이제는 사정이 달라졌다. 한 사람이 다른 사람을 대신해 더 빨리 늙을 수 있는 기술이 개발된 것이다. 이는 늙음 방지 기술이면서 동시에 늙음 촉진 기술이기도 하다.

예를 들어 나이가 서른인 사람과 쉰인 사람이 있다고 하자. 두 사람이 합의하면 십 년 동안 서른 살인 사람은 두 배로 빨리 늙는 반면 쉰 살인 사람은 전혀 늙지 않게 된다. 합의만 한다면 십 년이 아니라 이십 년이든 삼십 년이든 원하는 기간 동안 이 기술을 쓸 수 있다. 어떤 기술로 이런 일이 가능해졌는지를 여기서 설명할 수는 없다. 사회계약설에 입각해 세포 노화를 통제하는 획기적인 기술인데 이를 자세히 설명하는 것은 지면상 생략한다.

이 기술은 한 사람의 인생에 치명적인 결과를 가져올 수 있기에 엄격한 조건을 만족하는 경우에만 사용될 수 있다. 두 사람이 결혼한 사이라면 이 기술을 사용할 수 있다. 특히 나이 차가 많은 부부에게 이 기술은 축복이 될 수 있다.

하지만 부모와 자식 간에 이 기술을 적용하는 것은 거의 허용되지 않는다. 부모가 자식을 도구로 삼아 자신의 젊음을 유지하고자 하는 부도덕한 일이 생길 수 있기 때문이다. 최근 부모 대신에 늙어 버린 '현대판 심청' 이야기가 화제가 된 적이 있었는데, 밝혀진 내막은 우리에게 충격을 주었다. 사람들은 효심이 많은 자녀가 그런 결정을 한 줄 믿었지만, 알고 보니 이는 부모가 자식에게 젊음의 증여를 강요한 것이었다.

한 예비부부가 이 기술의 도움을 받기로 결정했다. 갓 스물 살이 넘은 청년은 자신보다 이십 년 전에 태어난 여성과 결혼하기로 마음먹었다. 청년은 갈등과 격동의 이십대가 빨리 지나가서 중년이 되고 싶었고, 여성은 자신의 젊음이 사라지는 것을 최대한 늦추고 싶어 했다. 두 사람은 결혼했고 십 년이 꿈만 같이 지나갔다. 두 사람은 비슷한 정도로 '늙은' 사람이 되었다.

문제는 다음이었다. 남편은 이제부터는 아내와 비슷한 정도로 늙기를 원했으나 아내는 그럴 마음이 없었다. 부부는 이 문제로 서로 다투다가 법정까지 가게 되었다. 법원은 사태를 종결하기 위해서는 양쪽 모두 계약을 폐기하는 데 합의해야 한다고 판결했다. 다만, 부부가 이혼한다면 늙음 방지 기술을 더 이상 사용할 수 없다고 덧붙였다. 그러자 남편은 아내에게 이혼할 것을 요구했다. 하지만 아내는 이혼할 마음도 없었다.

어느 날 집에 돌아온 남편은 아내가 집을 떠났다는 것을 알게 되었다. 아내는 집을 떠나 남편이 찾을 수 없는 곳에서 숨어 살았다. 그곳에서 아내는 젊음을 그대로 유지한 채 살아갔다. 아내는 또 한 번 자신과 늙음 방지 계약을 맺어줄 이성을 만나고자 노력했다. 하지만 그런 상대를 찾을 수 없었다. 아내는 떠나온 남편이 자신을 정말로 사랑했다는 것을 알게 되었다. 하지만 다시 남편에게로 돌아갈 수는 없었다. 남편의 원망을 듣게 될 것이 뻔했기 때문이고, 더 큰 이유는 젊음을 잃어버릴 것이 두려웠기 때문이다.

경로를 찾아온 밤

어느 순간부터 아내는 자신이 늙어간다는 느낌을 받게 되었다. 조금씩 주름이 늘어나고 흰머리가 늘어났다. 그는 두려웠다. 젊음이 사라지는 것은 그에게 끔찍한 일이었다. 왜 자신에게 이런 일이 일어날까, 그는 그 이유를 알아야 했다. 그는 남편이 늙음 방지 기술을 불법적으로 풀어버렸을지 모른다고 생각했다. 만약 그랬다면 남편의 불법을 막아야 했다.

그리고 그는 또 하나의 가능성을 생각했다. 상상하기도 싫지만 남편이 새로운 사람을 만나 그와 늙음 방지 계약을 맺었다면 어떻게 해야 할까? 만약 그랬다면 남편은 노화를 늦출 수 있을 것이다. 그리고 남편이 그렇게 '정상적으로' 늙어간다면 자신도 그렇게 될 수 있다. 이렇게 혼자 상상하며 가슴앓이를 하던 그는 마침내 남편에게 돌아가기로 마음을 먹었다. 남편을 만나 어떻게 된 일인지 알아내야 한다고 생각했다.

아내는 남편과 살던 집으로 돌아갔다. 그런데 그 집에 남편은 없었다. 아니 남편은 아예 세상 어디에도 없었다. 아내의 몫까지 늙어가던 남편은 자신에게 찾아올 죽음을 훨씬 빠르게 만났던 것이다. 아내는 납골당에서 남편의 사진을 보았다. 그는 남편이 죽기 전에 생명에 대해서 강한 집착을 보였다는 이야기를 들었다.

남편은 살고자 노력했다. 아내는 남편의 이런 노력이 아내의 젊음을 조금이라도 더 오랫동안 유지시키기 위한 것이라고 생각했다. 남편은 정말로 자신을 사랑한 것이다. 그래서 조금이라도 더 오랫동안 아내의 젊음을 위해 마지막 생명의 순간을 연장하고자 애쓴 것이다. 이런 생각 때문에 그는 오랫동안 남편의 납골당 앞을 떠나지 못했다.

나이 차가 많은 부부들은 대개 결혼을 하면 나이 차를 느끼지 못한다고 증언한다. 그 말이 사실이라면 늙음 방지 기술은 현실에 존재하는 것과 마찬가지다. 그리고 그 기술이 완벽하게 실현되는 순간은 부부가 비슷한 시기에 죽음을 맞이하는 때다.

죽음은 모든 사람을
동등하게 만든다.

나가는 글

기쁜 비밀

26년 전 너는 나의 첫딸로 태어났다. 넌 태어나자마자 나를 아빠로 만들어줬지.

  갓 태어난 너에게는 모든 것이 새로운 경험일 테니 하고 싶은 말도 많았을 거라고 생각한다. 하고 싶은 말이 많았을 텐데 말을 할 수 없으니 어떻게 하나? 못했던 말은 모두 비밀이 되어서 아이의 기억 속에 남지 않을까, 생각한 적이 있다.

  네가 어서 커서 말을 할 수 있게 되길 기다렸다. 자고 있는 네 귓가에 대고 내가 들려줬던 이야기들, 지금은 다 기억나지

누구나 철학자가 되는 밤

않는 이야기들이 모두 너의 기억 속에 남지 않을까? 말을 할 수 없었을 때 들었던 이야기는 모두 기억 속에 남아서 아무도 알 수 없는 비밀이 되지 않을까? 그런 생각을 잠시 한 적이 있다.

그런 비밀이라면, 발설해서는 안 되는 음침한 비밀과 달리, 기쁜 비밀이 아닐까? 말을 할 수 없어서 쌓인 이야기는 어쩌다보니 비밀이 되었지만 알릴 수만 있다면 알리고 싶은 이야기이지 않을까? 그렇게 쌓인 이야기가 기쁜 비밀이 되어서 나중에 너에게 좋은 영향을 주지 않을까, 그렇게 생각했다.

넌 금방 자라나서 말을 할 수 있게 되었다. 나는 너와 많은 이야기를 했다. 그 속에는 그저 궁금한 이야기, 머릿속에서 제멋대로 자라나거나 덜 자란 이야기, 그저 재미있자고 지어낸 이야기들이 있었다. 그때 너와 했던 이야기들도 지금은 다 기억나지 않지만 혹시 너의 기억 속에 남겨져 다른 비밀스런 이야기처럼 기쁜 비밀이 되지 않았을까, 그런 바람을 가졌다.

넌 더 크게 자랐고 외국에서 공부를 하게 되었다. 너를 만나 이야기할 수 있는 기회도 줄어들었지. 내 머릿속에는 여전히 제멋대로 자라나는 이야기들과 덜 자라나는 이야기들이 있었다. 하지만 그런 이야기를 들려줄 너는 옆에 없었어. 나는 그런 이야기들 중에서 몇 개를 다듬어 철학 논문에 쓰기도 했다. 하지만 다듬지 못한 이야기들은 여전히 머릿속에 남았다. 머릿속에 남은 이야기는 비밀이 될 수 없었고, 더군다나 기쁜 비밀이 될 수 없었다.

너를 만나 미국 산타바바라 해안 절벽에서 함께 걸었던 날이 있었지. 절벽 위에서 무지개를 보았다. 우리 주변에는 아무도 없었기 때문에, 그 무지개는 우리 둘만 보는 무지개였다. 둘만 볼 수 있는 무지개는 기쁜 비밀이었다.

그때 머릿속에 있던 제멋대로 생긴 이야기들을 너에게 들려줬지. 우리 둘만 보는 무지개 앞에서 그랬던 것 같다. 그렇게 너에게 가버린 이야기들을 나는 지금 다 기억할 수 없어. 기쁜 비밀이 되는 이야기들은 항상 그렇다는 것을 그때 알았다. 우리 둘만 보는 무지개처럼 이야기들은 기억에서 사라져버렸다.

너는 그림 그리는 걸 좋아하게 되었지. 네가 외국에서 혼자 지내며 그린 그림들을 보게 되었어. 그림을 보면서 너에게 했던 많은 이야기들이 떠올랐다. 정확하게 기억할 수 없는 이야기들이지만, 제멋대로 자라나거나 덜 자란 이야기들이지만, 그 이야기들의 흔적을 그림에서 보는 것 같다는 생각이 들었다.

갓 태어나서 말을 할 수 없었던 네가 쉴 새 없이 말을 하던 어린 시절을 지나 성인이 되었다. 외국에서 만난 넌 예전처럼 말이 많지 않았다. 비밀을 간직하게 되었기 때문이 아닐까, 그렇게 생각했던 것 같다. 나와 너 둘만 보았던 무지개를 떠올렸다. 내가 너에게 했던, 그러나 기억이 잘 나지 않은 이야기들이 무지개와 같다는 생각을 했다. 손에 잡히지는 않을 것이다. 기쁜 비밀로 남겨질 이야기를 이제는 기억하고 싶다는 바람이 그때 생겼던 것 같다.

외국에 있는 너에게 나는 머릿속에서 제멋대로 자라난 이야기를 글로 써서 보내준다. 그러면 넌 그 이야기에 대한 생각을 그림으로 들려준다. 그림은 네가 간직한 기쁜 비밀의 모습으로 나에게 날아온다. 나는 그림을 보며 기억이 잘 나지 않았던 수많은 이야기들의 흔적을 보게 된다. 이제 기쁜 비밀을 기억하게 되었다.

너와 나의 기쁜 비밀이 이 책으로 엮였다.

생
각
의

출
처

•

184쪽. 첫사랑 독점의 법칙

《나는 아무개지만 그렇다고 아무나는 아니다》(추수밭, 2019) 여섯 번째 챕터에서 잠깐 언급했던 글입니다.

270쪽. 에밀레 종소리, 에밀레종 소리

《미학》 제34집에 실린 글 〈감정에 관한 또 하나의 퍼즐〉에서 다뤘던 이야기를 다듬었습니다. 2003년에 발표한 논문이니 꽤 오래전 생각이네요.

277쪽. 올드보이 울트라맨

《철학》 제31권에 실린 〈맥타가트의 시간 역설에 관란 재고찰〉을 풀어나갈 때 도구로 삼았던 이야기입니다. 2004년은 〈울트라맨이야〉와 〈올드보이〉가 그리 멀지 않았던 때지요.

283쪽. 셋째 아이에게서 배우는 최고와 최선의 차이

2007년 《철학적 분석》 제16호에 실린 〈출산의 역설: 출산율 저하의 비밀〉에서 했던 이야기입니다.

289쪽. 삼회전 점프의 실패를 성공하기 위하여

《철학적 분석》제21호에 실린 〈도박사의 역설과 그 역〉에서 나온 생각입니다. 2010년에 썼습니다.

295쪽. 내 은밀한 즐거움을 당신은 모르실 거야

《범한철학》57권에 "시기심은 도덕적으로 정당한가?'라는 제목으로 실은 논문에 나온 이야기입니다. 마찬가지로 2010년에 발표했습니다.

300쪽. 아들 둘을 잃은 대신 두 아들을 찾은 어머니

2009년 《철학적 분석》제20호, 〈비개념적 내용으로서의 지표적 내용〉이란 조금 낯설어보이는 제목의 논문에서 했던 이야기입니다.

307쪽. 바다를 지워 바다를 담은 풍경화

《철학과 인접 학문과의 대화》(철학과현실사, 2004년) 가운데 〈예술작품의 존재론과 예술작품의 소유권〉이란 글에서 정리해봤던 생각입니다.

인생은 왜 동화처럼 될 수 없을까?
문득 든 기묘하고 우아한 생각들

누구나 철학자가 되는 밤

1판 1쇄 인쇄 2020년 4월 16일
1판 1쇄 발행 2020년 4월 21일

글쓴이 김한승
그린이 김지현
펴낸이 고병욱

기획편집실장 김성수 **책임편집** 허태영 **기획편집** 김경수
마케팅 이일권 송만석 현나래 김재욱 김은지 이애주 오정민
디자인 공희 진미나 백은주 **외서기획** 이슬
제작 김기창 **관리** 주동은 조재언 **총무** 문준기 노재경 송민진

펴낸곳 청림출판(주)
등록 제1989-000026호

본사 06048 서울시 강남구 도산대로 38길 11 청림출판(주)
제2사옥 10881 경기도 파주시 회동길 173 청림아트스페이스
전화 02-546-4341 **팩스** 02-546-8053

홈페이지 www.chungrim.com
이메일 cr2@chungrim.com

ⓒ 김한승·김지현 2020

ISBN 979-11-5540-164-4 03100